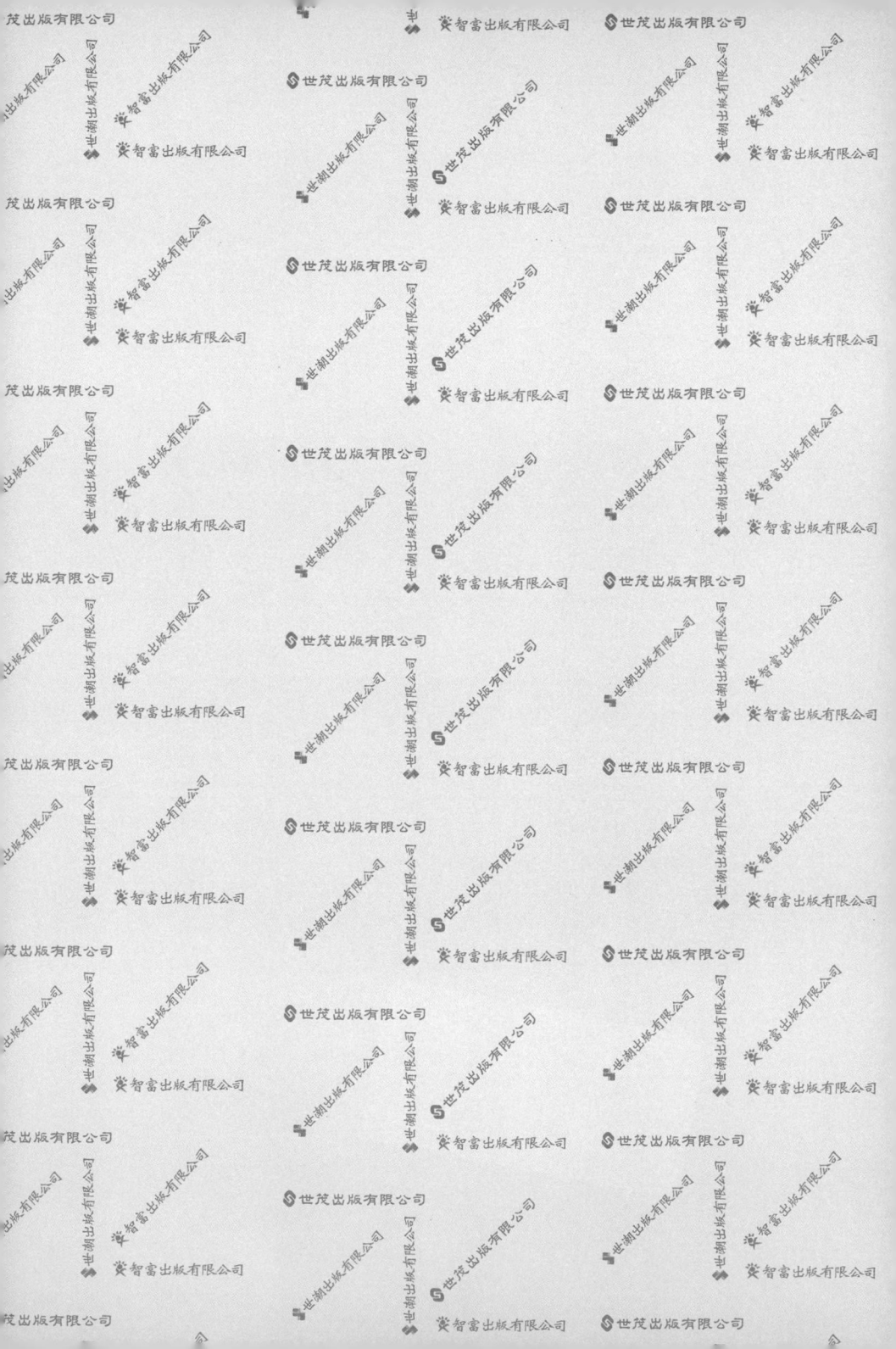

黑豆食療法

黑色奇蹟

健康專欄作家
李承翰◎著

※本書原名《黑豆的健康療效》，現易名
為《黑色奇蹟 黑豆食療法》

目錄

第一章　黑豆總論

第二章　各種的黑豆攝取法

第一章

黑豆總論

◎黑豆的藥效遠遠凌駕大豆

以優良的蛋白質爲首，大豆可說是營養的寶庫，自古以來它就被當作「貴重的五種穀物」之一。自古以來，我們的老祖宗就懂得利用大豆製成豆腐類的營養食品，對一般民衆來說，這是重要的營養來源。

一般豆類所含有的代表性營養成分，不外是佔有全體三十五%的優質蛋白。

所謂的「蛋白質」，都是由氨基酸的好幾種物質組合而形成，而豆類所含有的蛋白質富含人類體內無法合成的必要氨基酸，而且含量非常多。

除此以外，各種豆類也含有促進代謝的各種豐富維他命、鈣、鐵等礦物質，以及整頓腸內環境的食物纖維，是一種很優秀的食品。

其實基於營養學的立場來看的話，黑豆的營養價值與藥效遠遠地凌駕了其他的豆類。

這幾年來，黑豆所以受到世界各國的注目，無非是黑豆特有的黑色素，對於預防現代生活習慣病以及消除肥胖很有功效的緣故。

◎黑豆含有許多預防肥胖的成分

比起大豆等豆類，黑豆含有更多能夠燃燒脂肪的維他命B_2。

我們從食品所攝取的糖質、脂肪、蛋白質三大營養素，將由特定的消化酵素分解之後，被轉換成運轉身體的能源利用。肝臟所分泌的膽汁分解脂肪，這些被分解後的脂肪到達小腸後，將被轉換成中性脂肪與膽固醇。

這些中性脂肪與膽固醇進入肝臟後，又會與蛋白質結合，而變化成脂肮（蛋白質與脂肪酸的結合體）。

而脂肮之中，與肥胖以及成人病息息相關者為VLDL（超低比

重脂阮）。

比重最低而粒子最大的ＶＬＤＬ，其九十五％以上由中性脂肪所形成。一旦它被釋放於血液中，將被酵素弄成零零散散；而不被當成能源利用的中性脂肪，將被囤積於皮下以及內臟的脂肪細胞裡面。

粒子第二大的ＶＬＤＬ，由中性脂肪六十％、膽固醇二十％、蛋白質十五％、磷質五％所構成，它也是在移動於各組織的過程中由酵素所分解。接下來，膽固醇將變成細胞膜、荷爾蒙以及膽汁的材料，中性脂肪則被囤積於脂肪組織。

攝取太多動物性脂肪以後，中性脂肪與膽固醇將大量地被合成，多餘的能源將被當成身體脂肪囤積，於是膽固醇會侵入血管組織裡面，阻塞血液通路，並且造成動脈硬化。

◎黑豆能夠抑制糖的吸收，減少膽固醇

黑豆含量特多的維他命B_2、皂甬玳、亞油酸、卵磷脂、食物纖維等，能夠有效地抑制血液中的膽固醇以及中性脂肪，藉此預防肥胖與現在生活習慣病。

皂甬玳屬配糖體的一種，能夠作用於小腸，延遲營養素的吸收，並且抑制脂朊的合成。

同時，佔黑豆成分二十%的木質素、果膠亦能夠很有效地抑制脂肪與糖質的吸收，藉此減少膽固醇以及中性脂肪。

黑豆含量特多的維他命B_2，因爲在脂肪被分解時能夠發揮出與酵

素相同的作用，所以又被稱之爲「脂肪的維他命」。

但是，亞油酸是一種很不安定的物質，只要長時間加熱或者接觸到空氣時，它就很容易氧化。所以它很容易變成有害人體的氧化脂質，而導致動脈硬化或者癌症發生。

所幸，黑豆特有的黑色素、皀甬玳、維他命E以及植物色素成分的異黃酮，將發揮出相輔相成的作用，防止亞油酸的酸化。

◎黑豆能夠調整血糖分泌量

遇到胰臟所分泌的胰島素量增加時，肝臟內的脂肮就會大量的被合成。

胰島素的本來任務是使血液中的葡萄糖代謝，再把它搬運到各組織。但是有時吃太多或者運動不足，以致糖的份量增加時，胰島素就會增加分泌量，而使脂肪的合成加快。

黑豆特有的黑色素、異黃酮能夠調節胰島素的分泌量，藉此抑制血液中的膽固醇與中性脂肪的增加。

◎黑豆具有補充女性荷爾蒙的作用

對於女性來說，黑豆更是不可或缺的食物。因爲黑豆所含有的「異黃酮」能夠補充女性荷爾蒙的不足。

女性在年輕時過著不規律的生活，或者到了停經前後時，女性荷爾蒙的分泌就會失常。女性荷爾蒙的作用，不僅與保持自律神經的作用有關聯之外，它也能夠使鈣質附著於骨骼，並增加骨骼的強度。

女性荷爾蒙的分泌一旦不足，將使情緒非常不穩定，或者會非常地怕冷，感覺到頭暈目眩，同時也容易使人罹患骨質疏鬆症。

具有上述各種症狀的人，不妨多吃一些黑豆。黑豆富有的異黃酮與女性荷爾蒙的卵胞激素具有相同的作用，可以克服女性荷爾蒙不足所引起的各種症狀。

◎黑豆能夠提高腎臟的功能

有一些人在上了年紀以後，仍能夠保持一頭黑亮的頭髮。有些人則隨著年歲的增長，頭髮變白而轉爲稀薄。爲何有如此大的差別呢？這不外是受到腎臟機能的影響。

中醫對於「腎」的觀點，認爲「腎」是指生命力之源，乃是一個非常重要的地方。腎機能衰弱，精力也就會跟著減退，活力也會跟著消失。例如白髮、脫髮，以及頭髮分叉，都是來自腎衰的症狀。是故，想改善白髮、脫髮的話，那就非得提升腎臟的功能不可。

中醫認爲五臟與食物的顏色具有密切的關係，像青色入肝、紅色入心、黃色入脾、白色入肺、黑色的食物入腎等等。

因此，黑豆就是腎臟的營養來源，當然也就能夠提升腎臟的功能。事實上，黑豆不止能夠促進腎臟的功能，更具有提高水分代謝以及血液循環的作用，自然也就能夠保有烏黑麗亮的頭髮。

◎黑豆能夠使偏高的血壓降低

黑豆所含有的皂甬玳、亞油酸、卵磷脂、木質素、果膠具有減少膽固醇以及中性脂肪的作用。最近最受到注目的皂甬玳，以及黑豆特有的黑色素，亦能夠抑制脂肪的氧化，所以能夠預防氧化脂肪（動脈硬化的原因）的發生。這些作用能夠強化血管，並且增強血管的彈性。

皂甬玳還有一個作用，那就是淨化濃濁的血液。

白血球、紅血球、血小板約佔血液的百分之四十。由於這些成分的結合，血液才具有黏性。這也就是所謂的「血液凝固功能」。不過，隨著年歲增長，血管就會越來越脆弱，本來負責修復血管壁的血小板會不斷地增加，以致形成血栓而在血管內堆積。

如此一來，血液的流動會受阻，心臟的壓力會增高，所以會招致高血壓。

皀甬玳能夠抑制血液凝固，使血栓很難以形成。換句話說，皀甬玳不僅能夠強化血管，同時也能夠保持血液品質的正常，使血壓安定。

同時，皀甬玳也能夠防止血管的收縮，使血流暢通。除此以外，黑豆還含有豐富的鈣與鎂，能夠深入血管平滑肌的內部與蛋白質結合，藉此防止血管的收縮，使偏高的血壓降低。

◎黑豆能夠消除膝蓋疼痛

中醫學認為，膝蓋與腎、肝、脾有著密切的關聯。肝與關節部位息息相關，腎能夠左右骨骼的強弱，而脾與肌肉脫離不了關係。

變形性膝關節疼痛多見於女性，而男性比較少罹患此症。但是男性只要長時間保持相同的姿勢，或者在濕氣重、冷氣開得很強的辦公室工作的話，由於血液循環與排汗都受到影響，很容易導致膝蓋的痠痛。

有不少年長婦女的膝蓋關節疼痛，乃是由於腎虛、氣血不足所引起。一旦腎虛而引起氣血不足後，多餘的水分就會侵入，引起血液循環的停滯，而使膝蓋關節疼痛。

膝蓋疼痛的人，多數是因過度肥胖而使膝蓋的負擔過重，而黑豆對於減肥也非常有效。

黑豆含有很多能夠消炎的亞油酸、預防骨質疏鬆症及強化骨骼的皀甬玳、鈣、鎂、磷等礦物質。

爲了使膝蓋健全，必須格外地注意關節部位、肌肉以及骨骼的健康。而黑豆就有強化肝、腎、脾等臟器的作用，所以不妨養成時常吃黑豆的習慣。

◎黑豆能夠美化肌膚

黑豆含有豐富的寡糖、食物纖維的果膠，這些成分對美化肌膚、保持肌膚的年輕很有幫助。

同時，又能夠使腎臟的功能變得活潑，促進體內多餘水分以及老舊廢物的排泄。

這是以鉀爲中心的礦物質的作用。這種作用能夠促進肌膚的新陳代謝，對於消除面皰、皮膚粗糙很有幫助。

黑豆特有的黑色素以及維他命E等防止氧化的成分，亦能夠抑制黑斑、小細紋的形成。

黑豆也含有很多能夠防止黑斑、小細紋、肌膚粗糙等的「美容維他命」——維他命B_2、B_6，愛美的人不妨養成吃黑豆的習慣。

第二章

各種黑豆攝取法

◎「黑豆汁」

「黑豆汁」的做法

材料

黑豆二百公克，水一千cc。

做法

①將黑豆用清水洗乾淨，然後用一千cc清水浸六個小時。

②浸好的黑豆置於爐上，用大火煮至沸騰，後改用文火熬半個小時，關掉爐火，撈掉水面浮游雜質。

③待半個小時後就可以濾除黑豆。

④把煮成的「黑豆汁」分成三份，分成早、午、晚喝完。如果沒有味道的話，可以加入一些黑糖。

①
1000c.c
500c.c
②
③
④
早
中
晚

喝「黑豆汁」治好病痛的實例

（第①例）喉嚨的腫痛完全消失

我家對面的平價商店老闆一向很健康，據說他今年已經五十五歲了，但是從來就沒有生過什麼病，臉色紅潤，皮膚與頭髮都很好，看起來好像四十歲左右。

我請教他有什麼妙方時，他笑著對我說：「我只不過長年喝黑豆汁而已。」

天下眞的有這麼好康的事情嗎？老闆似乎看透了我的心事，他又對我說：「黑豆汁對身體確實有很大的好處，不僅能夠增進健康，亦能夠養顏。與其等到發病才慌張地就醫，不如在平常積極地喝黑豆汁維護健康，這才是上上之策。」

偏向歐美式的飲食習慣，很容易使血液中的膽固醇增加，又很容易使人罹患成人病，而且我已經步入中年，體力已經有走下坡的現象，所以我決心把黑豆汁引進我家的飲食生活裡面。

從這一天起，我家的成員就喝起了黑豆汁。一天喝三次，分別在早、午、晚飯時喝。

我很喜歡黑豆特有的香味，持續喝一段日子以後，我終於瞭解黑豆汁不會加重胃部的負擔，而且也不會刺激到身體。

到了第二天，疲勞感就不存在了

我認爲，喝黑豆汁最明顯的效果是我家的成員都不容易感冒，尤其是我一旦感冒後，喉嚨就會腫痛得很厲害，爲此時常服用抗生素。不過自從喝黑豆汁以後，就算不小心感冒了，也很快地就會好起來。據說，有不少以唱歌爲職業的人，都會藉此保養他們的聲帶。

喝黑豆汁以後，我的身體也變得輕盈很多，再也沒有以前笨手笨腳的舉止，而且我的體重也減輕四公斤。

我是一個文字工作者，有時免不了要熬夜。在以往的日子裡，只要熬夜一晚，整個人就會疲勞三天。自從喝黑豆汁以後，就算熬夜或者透支體力，到了第二天就能夠恢復。

跟我同輩的人多數因爲頭髮白了而需要染髮，但是我並不需要染髮。我不僅沒有白頭髮，皮膚也變得比以前更好，臉上本來有的斑點減少了很多。很多人都說，我看起來比實際年齡年輕。

我的老婆在剛開始時好像很不喜歡喝黑豆汁，她時常問我：「那種黑色的水是什麼東西呀？」

我叫她不要多問，只管喝就行了。她也聽了我的話，乖乖把黑豆汁喝下肚。最近她已經很喜歡喝黑豆汁，只要我忘了把黑豆汁端出來，她就會問：「你不做黑豆汁了嗎？」

我老婆的氣管不太好，時常在咳嗽，動輒就會感冒。最近她已經很少咳嗽，也極少服用感冒藥。

喝黑豆汁不久後，就可以很明顯地感受到它對身體的好處，而且喝起來不會叫人感到厭膩，我很高興自己懂得喝黑豆汁。

黑豆含有許多抗病毒的成分，亦含有能夠延緩老化的鋅與錳。這

些成分能夠提高免疫力，因此病毒不易入侵。卵磷脂、植物卵胞激素、有機鐵等，更能夠使腦細胞活性化。

（第②例）中性脂肪值下降很多

我一向很注意自己的健康，每三個月就要做一次基本的身體健康檢查。所幸，我從來不曾罹患過大病，現在也沒有什麼成人病之類的病痛。

不過從前年的秋季開始，我去接受健康檢查時，醫生說我的膽固醇值與中性脂肪值稍高。面對這樣的結果，我不禁開始擔憂我的健康狀況。

在這以前，我的膽固醇值爲二二〇，想不到它很快地上升到二六

九。中性脂肪值原本一直保持著一〇二，想不到它也升高到一七五。

醫生安慰我說不必很在意，有時更年期也會帶來這種現象，過了一段時間後就會下降。醫生雖然如此說，我還是很在意。

同時在那一年的夏季，我變成很容易感到疲倦，而且一旦疲倦感一直持續不消退。尤其是在早晨醒過來時，很不想下床，因爲渾身乏力，連舉步也感到不容易。

我每天晚上都有寫日記的習慣，但是每當提起筆後不久就會不停地打盹，根本就無法寫下去。剛開始時，我以爲夏季的疲勞還沒有完全地消除，但是到了秋季仍然如此，叫我煩透了。

可是爲了這種小病去看醫生似乎有點小題大作，所以我就不去管它了，可是內心還是有些不安。

當我爲了偏高的膽固醇值與中性脂肪值而煩惱時，看到一本醫學

刊物報導有關喝「黑豆汁」的養生法。我認爲黑豆汁是一種很方便的養生保健方法，於是立刻去購買黑豆。依照刊物上登載的方法，自己動手做黑豆汁。

我把兩百公克的黑豆浸在一公升的清水裡面，放置一夜。到了翌日早晨，再把黑豆連同浸泡水用強火煮到沸騰，再改爲弱火熬半個小時。

如此熬成的黑豆汁放冷之後，我就把它倒入容器裡面，再放入冰箱裡保存。做好的黑豆汁可以保存三、四天。

我的喝法是早、午、晚各一次，每次喝一百五十到兩百cc。

皮膚的毛病也消失了

就如此持續喝黑豆汁三個月左右。那一天，我又到醫院接受健康檢查，檢查後的結果，實在讓我高興透了！

原來，我的膽固醇已經下降到二二〇，再經過三個月又回院檢查時，膽固醇又下降到二百。

中性脂肪值也跟著下降到一〇八。

我一向很在意的疲勞感也完全地消失，又恢復到以前的健康狀態。然而，黑豆汁的效果並不止於此呢！

我的皮膚本來很乾燥，但是鼻子到上額之間卻很油亮，兩頰則乾燥得很厲害。

不過，自從喝黑豆汁以後，兩頰的乾燥就逐漸地消失，不久後變成不油不乾的皮膚。因爲喝黑豆汁對健康很有幫助，所以我前後推薦給不少的親戚好友。

有一些人認爲「黑豆汁」做起來麻煩又費時，以致在中途放棄。

有一些人則說，他們在喝了黑豆汁以後，血糖值大幅度地下降，再也不必住院接受治療。

黑豆汁所含有的亞油酸、異黃酮等成分，能夠使中性脂肪以及膽固醇值減少，並且使有益人體的膽固醇增加，同時所謂「果膠」的食物纖維能夠抑制腸胃吸收脂肪。

另外，黑豆所含有的植物性卵胞激素（類似女性荷爾蒙的物質）能夠美化肌膚，消除肌膚上面的斑斑點點。

（第③例）服藥無效的高血壓下降到正常範圍

我家的男女老少從兩年前就開始喝黑豆汁。我的老公聽同事們在談論黑豆汁能夠治好高血壓後，我就開始做起黑豆汁供全家人飲用。

我在十年前就與高血壓結下不解之緣。每次健康檢查時，最大血壓總是一七〇，最小血壓也有九十五。

從那時起，我就一直服用降壓劑控制，但是效果很不好。嚴重時頭部會感到很痛，血壓也上升到一八〇左右，叫我感到非常地苦惱。

我的老公聽他的同事們說，黑豆汁不但對高血壓有效，對增進健康也有很大的幫助，因此我們全家的成員就開始喝黑豆汁了。

我家的成員在早飯以前都要喝一杯我動手做的黑豆汁。在剛開始時，有時會忘記喝，不過經過大約一個月以後，大家都會習慣性地先喝黑豆汁再吃早飯，一天也沒有間斷過。

可能是不斷而持續地飲用黑豆汁吧，它的效果就陸陸續續地出現了。我個人持續喝黑豆汁三個月後，血壓就持續地下降。在半年後，最大血壓已經下降到一三五，而最小血壓也下降到八十五，已經進入

正常的範圍。

在以前，每逢秋季到春季之間，我都免不了會罹患好多次的感冒。不過從去年底開始，我連一次也不曾感冒過。

剛開始時，我對於不會再感冒感到不可思議，好幾次問自己：「這是爲什麼呢？」後來才恍然大悟，不外是喝了黑豆汁的關係。

本來我有便秘的症狀，如今早已經和便秘老死不相往來。同時皮膚的狀況也變好了很多。有一些朋友對我說：「妳眞是老來嬌呀！到底吃了什麼東西？從實招來！」聽到這句話時，我又是害羞，又是高興。

可能是我已經步入四十大關了吧，在喝黑豆汁以前，已經出現了未老先衰的現象。分明已經睡足了八個小時，早晨卻爬不起來，仍然感到倦怠。

自從喝了黑豆汁以後，慢慢地有了改變。我在早晨醒過來後，都是很快地就下床，準備早點給老公與孩子們吃，再騎機車去上班。我現在已經擺脫了頭痛以及倦怠感，變得很健康而且有朝氣。除了我個人以外，我家的成員在喝黑豆汁後，也都變得比以前更爲健康、更有活力。

我在喝黑豆汁以前，有人介紹我飲用蔬菜汁。說實在的，我感覺蔬菜汁很難喝，很不適合我，所以我就放棄了。

最重要的是，每一個人所喝的健康飲料必須適合自己的身體，如此才能夠長期持續地飲用。

黑豆汁有一種淡淡的甜味，喝起來相當可口，所以我們一家人才能夠持續地飲用。

（第④例）更年期障害消失了

我在一年前出現了類似更年期障害的症狀，就算在寒冷的冬季裡，身體突然會感到燠熱，然後會流出滿身大汗。有時卻會感覺到異常地寒冷而頻頻地發抖。

在寒冷的冬季，朋友們看到我一個人在冒汗時，她們都會很驚訝的地說：「妳到底怎麼啦？要不要去看醫生？」

一直到最近我才知道，這就是所謂的更年期障害。而在冬季發熱冒汗，就是其中的一種症狀。

有時，身體並沒有任何的不舒服，但是卻覺得很懶散，一整天都不想動彈。據說這也是更年期障害的一種症狀，常見於停經期前後的女性。

不久後，我聽表姊說，喝黑豆汁對改善更年期障害很有幫助。我聽後有些心動，於是決心自己做「黑豆汁」一試。

我喝黑豆汁的目的，無非是想改善更年期障害的各種症狀，想不到在喝它以後，身體狀況被改善了很多。

尤其是通便情形被改善了很多。我在喝黑豆汁以前，有時一星期才上大號一次，屬於很嚴重的便秘症狀，不過在喝黑豆汁兩個星期後，便秘症狀就完全地被解除了。

很可能是便秘問題被解除的關係，我的皮膚也變好了很多，再也沒有長出任何的瑕疵，變得比較細潤。

我妹妹的皮膚也很乾燥，尤其是一到冬天，渾身的皮膚就會發癢。爲此，她服用了很多種「止癢藥」，但是效果都不好。

誰知在喝了大約一個月的黑豆汁後，我妹妹的皮膚就已經不再發癢了！」

我的更年期障害已經不復存在了。如此看來，我是可以很平安地渡過更年期了。

黑豆含有豐富的皀甬玳，具有與女性荷爾蒙相似的作用，因此可以大幅度地改善更年期障害的症狀，同時對肌膚的美白也有幫助。

黑豆含有大量的維他命 B_1，對於消除浮腫很有效，能夠使皮膚的新陳代謝變得活潑。

黑豆外皮所含有的果膠爲水溶性的食物纖維，有助於通便，所以能夠消除便意。

（第⑤例）嚴重的失眠不復存在

我生長於高血壓的家系。我的母親一直爲高血壓的各種症狀所苦惱，我自己也感覺到血壓稍高一些。不過，由於沒有頭痛、眩暈等自覺症狀，所以我一直不管它。

距今兩年前，我爲了蛀而去找牙科醫生。醫生告訴我在根管治療前必須先測定血壓，於是我到醫院量血壓。

結果，我的最大血壓爲一六五，最小血壓也有九十九。牙醫說這種血壓不宜做根管治療，最好等到血壓下降安定後再做，所以他給我降壓劑服用。

這之後，我就一直服用降壓劑，但是血壓並沒有什麼變化。

那時，有一位老伯叫我使用黑豆熬汁喝。他說黑豆汁能夠幫助血液循環順暢，所以血壓就能夠降低。聽老伯這麼說，我就去購買黑豆熬汁來飲用。

我只在吃完晚飯或者在洗過澡後喝黑豆汁，一次大約喝兩百五十cc。

那位老伯告訴過我，黑豆汁什麼時候都可以喝，每天最好喝兩次以上。

我自己認爲在睡覺前飲用比較有效，因爲黑豆在睡覺的時間內就會發生作用。

喝了黑豆汁以後，我的第一個感覺是能夠睡得很好。在這以前，我很不容易睡著，時時在服用安眠藥。想不到，失眠症狀轉瞬之間消失，我已經能夠一覺到天亮。

以前我在做醫護人員時，就一直爲失眠所苦惱。護士這門行業通常採用三班制，所以睡覺的時間並不一定，因此下班回到家後時常會睡不著覺。但是失眠又會嚴重影響到翌日的工作，所以只好服用安眠藥。

不久後，我辭掉了護士的工作，但是失眠症狀卻沒有消失，雖然我並非每天都服用安眠藥，但是服用的頻率可說相當地高。

不管是哪一種藥物，只要長期服用，對身體總沒有好處。——「如此繼續服用下去妥當嗎？」我時常這樣地問自己，逐漸地感覺到不安。

飲用黑豆汁不久後，這種內心的不安就消除了，如今我只要躺下來就能夠很快地睡著，已經不需要安眠藥了。

至於我那偏高的血壓，在我飲用黑豆汁的初期並沒有變化，也就是說不會下降。一直到我飲用黑豆汁三個月後，血壓才緩慢地下降。在一年半後的今日，我的最大血壓爲一四五，最小血壓爲九十，而且一直很安定。

在夏天裡，我的最大血壓爲一三〇，最小血壓爲八十，已經沒有什麼問題了。

醫生在給我量血壓時，總是會問我：「妳的血壓很順利地在下降，妳到底吃了什麼東西呢？」

我只淡淡地說一句：「我喝黑豆汁。」醫生好像不怎麼相信，因爲他睜大眼睛看著我。

據說，黑豆汁對低血壓也有好處，所以我也叫罹患低血壓的老公喝黑豆汁。

我的老公最近很少感冒，而且體力也恢復了很多。不像以前常有疲勞感。

有些人說黑豆汁不好喝，我卻沒有這種感覺，因此我把它當成保健飲料喝，一點也不以爲苦。

黑豆含有能夠消除疲勞的維他命、提升肝臟機能的精氨酸。這些成分對解決失眠非常有效。

黑豆含有很多鉀、維他命E，所以能夠潔淨血液，因此能夠降低血壓。

黑豆也含有很多的有機酸，因此亦能夠改善低血壓與貧血。

◎「黑豆咖啡」

一般人只知道把黑豆煮汁，或者把炒熟的黑豆浸入酒裡製成「黑豆酒」飲用。這兩種黑豆攝取法固然很不錯，但是還有一種更爲便捷的方式，那就是把黑豆磨成粉末，把它當成咖啡沖泡飲用。

「黑豆咖啡」的口感跟一般的咖啡很相似，由於採取沖泡飲用的方式，所以能夠百分之百地攝取黑豆的精華，醫療的效果非常好。

一位血壓在一六〇／九十五之間的男士，每天喝三杯「黑豆咖啡」，經過三個月以後，血壓下降到一四〇／八十五之間，而且始終不曾升高過。

一位爲便秘所苦惱的高中女生，每天喝一杯「黑豆咖啡」後，經過一個星期，便秘症狀就完全消除，從此不再爲便秘所苦惱。

「黑豆咖啡」也能夠用來減肥。一位三十五歲的主婦喝「黑豆咖啡」兩個半月後，腰圍減少了兩吋。

有很多婦女異口同聲地說，喝了「黑豆咖啡」後，肌膚變得白皙許多，塗抹化粧品以後比較持久，再也不輕易地脫落，整個人顯得更加美麗。

一位四十多歲的男士因爲罹患一場大病，整整有兩年不曾工作，臉色很蒼白。在每天喝好幾杯「黑豆咖啡」之後，臉色轉好了很多，身體也跟著硬朗起來。由此可見，它對健康有非常良好的效果。

「黑豆咖啡」的做法

材料

黑豆兩百公克，研磨機（或用食物料理機亦可），一個棉布袋子，空的玻璃容器。

做法

①把黑豆洗乾淨，再把它們風乾。

②把乾淨的黑豆放入平底鍋裡面，使用弱火炒三十到六十分鐘，待黑豆放出香氣時，就可以離火。

③把炒好的黑豆放入棉布袋裡，再利用木棒將黑豆稍微輾碎，再

利用磨豆機磨成粉末，如此就完成了。

注意

黑豆不能炒六十分鐘以上。炒太久的話，喝起來有一股苦味。每天喝三次，一次一杯（約兩百cc，每次只要使用兩匙的黑豆粉沖泡就可以）。

做好的「黑豆咖啡」可放入空玻璃瓶裡，如此可以保存十天左右，味道與香味都不會變。

如果你喜歡甜味的話，可加入一些蜂蜜或煉乳。

飲用「黑豆咖啡」治病及減肥成功實例

（第①例）兩個月內減輕九公斤，頭髮肌膚都更年輕了

今年四十四歲的我，身高是一五六公分，體重是四十四公斤。我已經快進入更年期，但是我仍然保持二十五歲時的身材。

其實，在八個月前，我的體重比現在還重九公斤，達到五十三公斤。

從數年前開始，在我的生活方式沒有改變之下，體重一直在增

加。周圍的人都安慰我說：「妳沒有胖很多，不要為這個問題操心！」但是我一向對自己的身材很有自信，所以對逐漸發福的自己感到厭惡。

那時，我曾經試著限制自己的飲食，也試過很多種據說對減肥有幫助的健康食品，但是完全不見效。

我本來就不是很健康的人，很可能是受到限制飲食的影響吧！我幾乎拖垮了身體。

我本來就有嚴重的怕冷體質，就算是在夏天，晚上睡覺時都得穿一雙襪子，否則就睡不著覺。

待怕冷症狀更為惡化以後，肩膀、腰部、膝蓋也開始痠痛了起來。這可能是體重增加的必然結果吧！

很可能是營養方面失去了平衡，我的頭髮與皮膚也受到相當程度

的影響。我的臉色變得異乎尋常的蒼白，頭髮的光澤完全消失，指甲也完全沒有血色，而且臉上接二連三地長出斑點和痘子。

我並沒有採取極端的飲食限制，所以出現了一連串的怪症狀時，我感到非常地驚訝。

體重並沒有減輕，但是身體狀況很明顯地變壞，所以塗抹再厚的化粧品也遮蓋不了難看的臉色。到了這種地步，我只好盡量避開人，盡量減少外出。

由於精神方面幾乎全盤崩潰，影響所及，身體狀況也越來越差。看到我這種自暴自棄的態度，我的一位同學勸我做「黑豆咖啡」飲用。我的這位同學以前號稱「胖胖女」，好多年不見之後，身材卻是玲瓏有致。

後來我才知道她是以喝「黑豆咖啡」的方式減掉了多餘的贅肉，

於是我決定喝「黑豆咖啡」試試看。

不過，我一向不喜歡喝苦味的咖啡。關於這一點，我的同學向我解釋：這種「黑豆咖啡」絕對不同於一般的咖啡，只是具有「咖啡」的名稱而已，不但不苦澀，而且還有一股濃馥的香氣。

聽到同學如此的解釋，我決定試試看！

對於曾經限制過飲食以致傷害了身體的我來說，「黑豆咖啡」可能是最好的選擇。因爲可以完全地吸收黑豆的藥效與營養，對我來說，是一種無法抗拒的魅力。

三個月內就瘦了九公斤

那種炒黑豆研成的粉末聞起來很香，喝法又跟一般的咖啡沒有兩樣，每次只要取用兩匙，利用熱開水沖泡成一杯（約兩百cc）就行了。

我每天早晨都喝兩杯黑豆咖啡，沒有吃其他任何的東西，午餐與晚餐前也各喝一杯。

早晨在喝過兩杯黑豆咖啡之後，就可以感覺到飽飽的，一直到吃午餐前肚子都不會餓。由於在午餐與晚餐前各喝一杯黑豆咖啡，所以食量自然就可以減少很多。

以這種方式喝黑豆咖啡一個星期後，我的體重就減輕了三公斤，一個月後又減輕了三公斤。

我不但減輕了體重，身體狀況也越來越好。本來我有相當嚴重的便秘，如今情形已經變得很好。

或許是由於血液循環轉好的關係，我的肩膀、腰部不再痠痛，隔了不久後，膝蓋也不會再痛了。

不僅如此而已，就連臉色以及手指甲的顏色也變好了，不會再冒出痘痘了。頭髮也變得油亮光澤，以前所有的不快症狀都消失殆盡。喝黑豆咖啡三個月後，我總共減輕了九公斤；由五十三公斤減輕到四十四公斤。

這以後，我仍然持續不斷地喝黑豆咖啡。對於我來說，黑豆咖啡不僅使我減肥成功，而且也滿足了我在美容與健康方面的希求。

（第②例）低血壓的煩惱消除了

我也知道吃黑豆對身體很有好處，所以偶爾也會吃一、兩次的黑豆。一直到有一天，有一位朋友對我說：「如果爲了增進健康而吃黑豆的話，偶爾吃一、兩次是不夠的。你應該每天都吃二～三次，最方便的方法是，把黑豆炒熟，再研成粉末，利用熱開水沖泡飲用。」

聽朋友如此說以後，我就開始做「黑豆咖啡」飲用。

我從孩童時代起就有很嚴重的低血壓症，所以時常引起貧血而倒下來。

待我從學校畢業，進入一家大公司服務之後，低血壓症狀變得更嚴重，那時，最大血壓只有七十，最小血壓只有五十，實在低得有點離譜。

在一個時期裡，我的最大血壓甚至只有五十，最小血壓只有三十。以致醫生對我說：「妳很可能會在不知不覺中猝死……」

因爲血壓低得實在太離譜，疲勞一直在累積，累積到一個程度時，血壓就會疾速地上升，使得身體不能配合，以致好幾次昏倒不省人事。

我一直擺脫不了低血壓特有的肩膀痠痛、頭痛、怕冷以及便秘。臉色一直很差，皮膚的狀況也很不好。

我從去年的秋季開始喝黑豆咖啡。我先把黑豆放入鍋裡用小火炒大約一個小時，炒好黑豆之後，我就把它們放入研粉機裡面，耐心地研成粉末。

第一次把黑豆研成粉末之後，我就迫不及待地把兩小匙黑豆粉末放入杯子裡，加入少許的糖，沖入熱開水後就喝。萬萬料想不到，只喝這一次，我多年來的便秘症狀就消失了。

從此以後，我在每天的三餐前都喝一杯黑豆咖啡。我的第一個感覺是三餐的食量減少了。因爲在喝了黑豆咖啡之後，肚子就會感覺到很飽。雖然照樣地吃，但是食量減少了很多。

到了這時，我才知道只要喝黑豆咖啡，就可以在毫無負擔的狀況下減肥，所以我就更積極地喝黑豆咖啡。

我的身高是一五八公分，體重五十六公斤，可是我希望能夠減輕到五十公斤。

在以前，我好幾次向所謂新式的減肥法挑戰，但是屢遭挫折，只好放棄。喝「黑豆咖啡」一個月後，我感覺到裙子的腰圍寬鬆了不少，所以我就去量體重，才知道體重減輕了三公斤。

再經過一個半月後，我的體重又減輕了三公斤，終於變成了五十公斤，達到了我理想的體重。

我現在仍然持續地在喝「黑豆咖啡」。正因爲如此，我已經克服了貧血問題，最大血壓也升高到一百前後，最小血壓也有六十五上下。

到了這時，一向最叫我感到煩惱的頭痛、肩膀痠痛、怕冷症狀都

不復存在了。痛苦了那麼多年以後，我好不容易才擺脫了它們的折磨。

有生以來，我的血色第一次變好，皮膚也變好了許多，臉孔上面再也不長出面皰之類的東西。

（第③例）黑豆咖啡治好耳鳴

我因爲風濕病，連續服用某種藥品之後，因爲副作用而罹患了耳鳴。我的耳鳴發生於左右雙方的耳朵，尤其是右耳的鳴叫聲相當大，症狀已經相當嚴重。

白天因爲工作忙碌，並不會意識到耳鳴這一件事情，但是夜晚躺在床上時，那種「嗶——嗶——」的聲音在耳朵深處響起來時，叫人感到煩不勝煩，所以很難睡著。

在這種情況下，爲了好好地睡覺，我在睡前都會喝一點酒，甚至偶爾服用安眠藥。

有一天，我的母親突然聽到一位老人家說，服用黑豆咖啡能治好耳鳴。那時，我認爲只要能夠治好耳鳴，什麼東西都值得試試，於是很快地做黑豆咖啡試試。

我在早、午、晚各飲用黑豆咖啡一杯（每一杯約有二百cc）。

飲用黑豆咖啡兩個月後，我發覺症狀比較輕的左耳再也不鳴叫了。那時，我感覺到非常高興，因爲長久以來我已經看破了，準備一輩子與耳鳴爲伍呢！萬萬料想不到喝了黑豆咖啡之後，耳鳴的症狀減輕很多。

從這時開始，我躺在床上就能夠很快地睡著。在這以前，因爲耳

鳴的關係，有時躺在床上兩個小時也睡不著覺。現在正因爲能夠睡得很熟，我的體力比往日好了很多。我從來就沒有想到，夜晚能夠睡熟與否和體力有如此密切的關係。

繼續服用黑豆咖啡一年後，症狀比較嚴重的右耳也不再鳴叫了。身體感覺到舒服很多。但是我仍舊持續地飲用黑豆咖啡，至今已經三、四年了，都不曾復發過。

我在想，這種黑豆咖啡已經惠及了不少人，有著耳鳴而服藥無效的人不妨試試看。

耳鳴以及弱聽的症狀，不外是腎機能的衰退所引起。就以我來說，直接的原因爲藥物的副作用所引起，不過，腎臟機能的衰退也是原因之一。

如欲改善腎臟機能衰退所引起的耳鳴的話，服用黑豆咖啡很有效。在治療耳鳴方面，自古以來，黑豆就被當成民間療方被廣泛地使用著。因為黑豆的顏色重，所以能夠對腎臟發生作用。

（第④例）治好皮膚搔癢以及禿頭

我的兒子在五歲時就罹患了皮膚搔癢症。他的兩條腿與兩隻手臂一直抓得很紅，甚至抓破皮而化膿。我每次使用消毒紗布為他擦拭膿水時，紗布很快地就會被膿水黏住，以致無法取下來。

在夜間上床睡覺時，我的兒子也一直在喊癢。即使在睡著以後，仍然在無意識之間抓著皮膚，因此到了翌日早晨，床單老是沾了不少的血液。

我前後帶兒子到醫院接受兩次診療。一次在他剛發病時，第二次

是幼稚園的教師擔心那種皮膚病會傳染給其他的孩子。因此我帶著兒子專程去請教皮膚科的醫生。結果醫生說那種病根本就不會傳染。

醫生給我的藥膏，千篇一律都是副腎皮脂軟膏。這種塗抹用的藥膏在剛使用時很有效，但是隔了一段時期後就會再發，而藥效就會逐漸轉弱，到頭來一點也不見效。是故，我乾脆就放棄了副腎皮脂軟膏。

到了秋季，我在報紙的家庭版看到一篇不起眼的報導，說是黑豆炒熟研成粉末的「咖啡」能夠治好各種的皮膚病，我在半信半疑之下，炒了一些黑豆，再使用咖啡研磨機磨成粉末。

我每天讓兒子飲用三次的黑豆咖啡，每一次約二百cc。方法是把兩匙「黑豆咖啡」放入杯子裡，再沖入大約二百cc的熱開水，充分攪拌後就可以飲用。

因爲我沒有加入任何的調味品，剛開始時，我的兒子嚷著：「好難喝！」不肯主動喝它，必須我逼著他，他才會很不情願地喝它。

不久後，他可能是習慣於大豆那種味道，就算我不逼他，他也會自動去喝了。

在連續喝「黑豆咖啡」大約一個月後，兒子的皮膚搔癢症狀減少了很多。在半夜裡，他很少去抓身體。大約在半年後，他不再訴說皮膚奇癢，不再去抓皮膚。因此，皮膚不但恢復了健康，看起來比別的孩子更爲光滑更爲細緻。

我的父親在喝「黑豆咖啡」後，禿頭上長了頭髮

「黑豆咖啡」不但治好了我兒子的皮膚病，同時也惠及我的父親。

我的父親今年六十歲，在三十歲左右時頭髮就逐漸地變成稀薄，到了四十歲左右，除了鬢角以及耳朵上面以外，其他部分都光禿禿的。這幾年來他似乎看破了，不再去管它，然而在四十歲左右時他非常地在乎，出門時都戴著假髮。

父親跟著我兒子喝「黑豆咖啡」之後，完全沒有毛髮的頭頂開始長出了細細的黑髮，本來白蒼蒼的鬢角也摻著不少的黑髮。

到底在何時長出細髮以及黑髮呢？關於這一點連我父親也不知道呢！喝「黑豆咖啡」已經兩年的今日，我父親已經長出了相當多的頭髮，跟兩、三年前比較起來，彷彿是另外一個人似地。

關於過敏性皮膚炎的原因，有屋裡的灰塵、花粉以及食物等等。尤其是以幼兒來說，幾乎是以身體的虛弱爲間接的原因。只要改善體質就能夠使症狀明顯地好轉。如果能夠配合原因，再有效地利用自然食物的話，就能夠獲得事半功倍的效果。

小兒的虛弱體質多數來自胃腸的衰弱，因此使用能夠調整胃腸的黑豆最好。黑豆具有「補血」作用，以及清熱滋陰作用，當然就能夠治好皮膚炎。

毛髮爲血液之餘，禿頭的人長出毛髮以及白髮變成黑髮的人，不外是在攝取黑豆後，腎臟機能改善、血液循環轉好的緣故。

（第⑤例）服藥無效的高血糖值降低到正常範圍

我知道什麼是所謂的「成人病」或者是「現代生活習慣病」，同樣的，我分明知道自己已經進入必須警戒成人病的年齡，但卻是我行我素，不曾去檢查過身體，一直認爲自己與疾病無緣。

其實，我之所以對自己的健康很自負是有原因的。

在年輕時代，我是一個運動健將，尤其是在跳高方面有著不錯的成績，我參加過國際性的跳高比賽，而且也得過亞軍的成績。

雖然我已經在去年退休，但是我仍然沒有放棄運動，打打球、慢跑還是我的日課之一。

作夢也想不到，在人生第二階段的就職時，爲了參加考試檢查身體，才知道自己有糖尿病。

糖尿病是不折不扣的成人病，所以我嚇了一大跳！我一點也不算肥胖，所以不曾有任何的防範。

醫生對我說的那一句「你的血糖值爲二六〇 mg／dl」時，叫我坐立難安。

爲了找回自己的健康，我認爲非把血糖值降低不可。

那時醫生一直提醒我：「你必須多運動，並且限制卡路里才行！」提起「運動」這兩個字，我可是比任何人都「動」得多，至於限制卡路里嘛……我感到有些困難。

因爲我一點也不胖（一六六公分，體重六十公斤）。不過，爲了盡快使血糖值下降，我還是忍著餓肚子之苦。

一個月下來，我消瘦了三公斤，但是血糖值還是偏高，身體卻一點力氣也沒有。

也許我的苦難已經快盡了吧！那時有人告訴我喝「黑豆咖啡」對糖尿病有好處。這種說法我可是第一次聽到，所以認爲有試試看的價值。

我有如在黑暗中看到陽光似地，立刻去購買黑豆，當夜就做了不少的「黑豆咖啡」。

我每天喝兩次「黑豆咖啡」，分別在早、晚各一次，每次約為二百cc。

同時，我取消了那種嚴格的飲食限制，再也不去計算什麼卡路里了。不過，我並沒有暴飲暴食，還是謹守少吃高卡路里食物、多吃一些蔬菜的教條。

在喝「黑豆咖啡」以前，我的血糖值為二六〇mg／dl，喝「黑豆咖啡」之後，一個月就降低到一五〇mg／dl，四個月後又降低到一百mg／dl，已經進入正常的範圍。

到此，我才鬆了一口氣。

「黑豆咖啡」並非藥物，完全沒有所謂的副作用，因此我打算把它當成常備食品，時常飲用。

其實，「黑豆咖啡」不但對糖尿病有效，亦能夠防止動脈硬化，並且也能夠使膽固醇降低。

對於中年以上的人來說，喝「黑豆咖啡」可以很有效地防止腦梗塞、心肌梗塞以及癡呆症的發生。

「黑豆咖啡」的功效來自它的黑色素。黑豆所含有的皀甬玳、卵磷脂、食物纖維，號稱疾病的殺手，大家都不妨積極地利用這一點，遠遠地避開各種成人病。

（第⑥例）血壓降低，黑頭髮增多

我從六歲就開始跳民族舞蹈，同時也拿到了民族舞蹈教師的執照。結婚後，我仍然在教民族舞蹈。雖然一直在舞蹈，但是身體並不因此而特別的硬朗，到了四十歲以後，一直爲高血壓與肩膀痠痛所苦惱，而且比以前更容易感覺到疲勞。

尤其血壓偏高，在服用降壓劑以後，血壓仍然不下降，遇到身體很不愉快而量血壓時，最大血壓總是在一八〇上下。每當遇到這種情況，渾身都感覺到不對勁，一整天都不想動彈。

肩膀痠痛也是我的煩惱之一。從頸部到肩膀之間，老是感到僵硬。醫生對我說，肩膀僵硬的症狀跟高血壓有關。

不過，我認爲容易感到疲倦必定跟體重增加有很大的關係。我的體重長年維持四十三～四十四公斤（身高一五五公分）之間。但是在超過四十歲之後，竟然增加到五十八公斤。

醫生說，對我來說，五十八公斤的體重不算很胖，但是欲維持健康的話，仍然減輕一些體重比較好。

胖了十多公斤之後，我感覺到自己的身體很沉重。彷彿是揹了十

多公斤的水袋一般，運動起身體來變得很不靈活。尤其是在跳民族舞蹈時，從手指尖到腳趾間都必須用力，但是由於身體變成沉重往往不能如願。

到此，我無奈地萌出了放棄民族舞蹈的念頭……

喝「黑豆咖啡」後，一切都解決了

在那時，我的丈夫聽到一位食品營養專家說，喝黑豆咖啡對高血壓、肩膀痠痛以及減肥都有幫助。於是翌日我就做好了一瓶「黑豆咖啡」。

我每天喝三次「黑豆咖啡」，每次都在飯後飲用。方法是把兩匙黑豆咖啡粉放入杯子裡，沖入二百cc的熱開水就可以飲用。

我並不太喜歡一般普遍的咖啡，但是「黑豆咖啡」不同，它有一

種類似可可的味道，味道很宜人。

我在半信半疑之下喝起了黑豆咖啡，但是我作夢也想不到僅僅在三天後效果就出現了。

我被便秘折磨已經有十年之久，想不到在喝「黑豆咖啡」僅僅三天就很暢通的排便，從此以後就與便秘無緣。

便秘一旦被消除，我就感覺到身體很輕盈。大約經過兩個月後，嚴重的肩膀痠痛就完全地消失。

不但如此而已，血壓也緩緩地下降。最大血壓降低到一四〇，而最小血壓也跟著下降到八十，已經進入了正常的範圍。

隨著血壓的下降，體重也開始減輕。在喝「黑豆咖啡」的半年後，體重減輕了六公斤。體重減輕了以後，跳起民族舞蹈來就不再感到吃力，同時也不容易感到疲倦了。

那時，我的老公看著我的頭髮問我：「妳怎麼那樣頻繁地染頭髮呢？」在那以前，我的白頭髮相當多，所以每一個月至少要染一次頭髮。想不到，最近長出的頭髮都是黑色的，不像以前長出的幾乎都是白頭髮。

◎「醋黑豆」

「醋黑豆」是很理想的養生食品

「醋黑豆」所以被稱爲很理想的養生食品，第一個理由是黑豆含有「花色玳」黑色素，而這種黑色素具有強大的抗氧化力。對於糖尿病的人來說，這種黑色素非常地重要，因爲它對改善糖尿病有很大的幫助。

我們日常所吃的飯、麵等澱粉質食物，一旦進入體內就會被分解

為葡萄糖，而進入血液裡面，抵達體內的細胞，變成細胞的能源。腦以及肌肉的功能，以及保持體溫的熱量，都是由這種能量所製造出來的。

在製造熱量的過程中，發生作用的是所謂胰島素的荷爾蒙。胰臟所製造的胰島素時時保持血液中葡萄糖量的平衡。

所以胰島素的生產量一旦減少，血糖就會增加而導致糖尿病。

對於細胞能源物質的生產來說，由呼吸所帶進的氧氣為不可或缺之物。但是氧氣的一部分會變成所謂的自由基而攻擊體內的細胞，進而傷害到細胞。

當一個人還年輕時，身體會製造一種酵素以消除自由基，藉此保護細胞，但是一過四十歲以後，這種酵素的生產就會銳減。結果身體裡的自由基會增加，使細胞受到傷害，以致引起各種疾病。

黑豆的抗氧化力能改善糖尿病

這種事情在胰臟細胞發生的話，將使胰島素的生產量銳減，那是因爲細胞對自由基的抵抗力很脆弱的緣故。

一般說來，導致糖尿病的原因是肥胖及暴飲暴食。如果再加上自由基傷害到胰臟細胞的話，那就更容易使人罹患糖尿病了。

黑豆所含有的花色玳具有很強大的抗氧化力，所以能夠保護細胞免受到自由基之害。換句話說，花色玳的作用就跟人體內製造的酵素相同，諸如這種的物質就叫抗氧化物質。

自由基不但會隨著年齡老化而增加，甚至在焦躁緊張或者激烈運動過後也會增加。在生活中容易感到焦躁緊張，時常做激烈運動，以及從事肉體勞動的人，爲了避免罹患糖尿病，必須積極地攝取含有大量抗氧化物質的食物。黑豆也含有豐富的水溶性纖維質，能夠防止飯後血糖值急快地上升，因此可以減輕胰臟的負擔。

黑豆浸醋再吃，可以強化黑豆的效果。

以糖尿病人來說，他們的血液較黏稠，以致毛細血管的血流滯塞，促進動脈硬化發生。醋能夠改善血液，因此對糖尿病很有幫助。

黑豆所含有的皀甬玳能夠使血液中的膽固醇值與中性脂肪值下降，黑豆的寡糖能夠增加腸內的益生菌，藉此改善腸內的環境。

黑豆所含有的卵磷脂能夠製造腦內的情報傳送物質，所以能夠預防癡呆症的發生。總之，不管是對身體或是腦部來說，黑豆都可以說是一種很可貴的健康食品。

黑豆對改善高血脂症很有效

黑豆所含有的亞油酸能夠消除多餘膽固醇，而黑豆所含有的卵磷脂則能夠增加對人體有益的膽固醇，並且減少對人體有害的膽固醇。

正因爲如此，黑豆對高血脂症的改善非常有幫助。除此以外，黑豆所含有的異黃酮也可以緩和女性的更年期障害。

黑豆色素成分的花色玳乃是一種很優異的抗氧化物質，它能夠消除自由基，防止氧化脂肪的發生，藉此防止高血壓以及動脈硬化的發生。花色玳的抗氧化作用也能夠防止細胞的老化，因此，黑斑、皺紋能夠獲得改善，使人看起來年輕很多。

「醋黑豆」的做法

材料

米醋（或一般食用醋均可），黑豆，平底鍋，玻璃容器。

做法

①爲了消除黑豆的青臭味，必須把黑豆放入平底鍋裡炒大約二十分鐘。

②待炒熟的黑豆冷卻後，再把它們放入寬口的玻璃瓶。

③只能放入容器容量三分之一的黑豆。

④從黑豆上面注入米醋，只能注到容器容量的三分之二。

⑤注入米醋後，再把容器密封，放置兩天。只要放置於沒有太陽光直射的地方就可以。

⑥經過兩天後，黑豆將把醋完全地吸收，而脹滿到容器三分之二的地方。

⑦再從黑豆上面注入深約一公分的米醋，再放置兩、三天，就如此重複幾次，一直到黑豆不再吸收醋爲止。

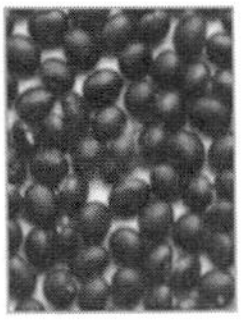

③
醋
④
⑤
⑥

⑦
+1cm
⑧
7~10天
⑨
⑩

⑧待黑豆脹滿一整瓶，不再吸收醋以後，再放置一星期至十天。

⑨待黑豆充分地吸滿米醋而變得很柔軟之後，再把黑豆倒出來，放置於瀝水盤上面瀝乾水分。

⑩把瀝乾水分的黑豆再度裝入寬口瓶子，放入冰箱裡保存。此種「醋黑豆」可以保存三～五年。每天吃一大匙「醋黑豆」。

吃「醋黑豆」治好各種疾病的實例

（第①例）「醋黑豆」使我在絕望中獲得生機

距今七、八年前，我到醫院檢查身體時，很意外地，竟然被醫生診斷爲糖尿病患者。從此以後，凡是聽到某一種健康食品能夠降低血糖值我都一一地嘗試。不過，我不敢服用醫生處方給我的藥物，因爲我害怕副作用。

一直到數年前，我聽一位居住於山區的長輩提起吃「醋牛蒡」對

降低血糖值有幫助之後，我就心無旁貸地吃起了「醋牛蒡」。

這種「醋牛蒡」並非無效，而是必須吃一段相當長的時間才能夠使血糖值下降。

不過，好不容易才下降的血糖值，碰到傷風感冒時，血糖值又會再度升高。

我爲了求血糖值下降，每天分成晨昏各吃一次「醋牛蒡」，如此經過一年以後，血糖值好不容易安定在一二〇mg／dl。

就在這時，我的胃部開始感到疼痛，我也不知道原因爲何，空著肚子時胃就會痛起來。

我去醫院求診時，醫生說是胃潰瘍，並且要給我繼續打二十次的針藥。

不過，在打了第十針後，醫生發現我的肝機能不佳，再把我轉到

一家更大的醫院。

在那一家醫院接受檢查之後，醫生說，檢查肝的標準值已經高達一千六百（正常值只有三十）。

根據那位醫生的說法，因爲前一家醫院對我採取舊式的胃潰瘍治療法，因此才有這種副作用。

本來，我最害怕藥物的副作用，想不到我還是遇到了！

我只好當場就辦住院手續。醫生對我說，爲了治好我的病必須使用類固醇製劑，而副作用將使我的臉孔變圓。

聽了醫生所說的話，我非常痛恨所謂的「副作用」，所以我立下決心，發誓要在不使用藥物之下治好自己的病。

在不使用藥物之下，經過約一個月後，我的病好不容易才好了起來。

在我住院期間內，醫生叫我多吃一些飯，他說：「對現在的你來說，肝臟遠比糖尿病重要。多吃飯能使你的肝臟恢復力氣。」正因爲如此，出院時，我的血糖值又升高到一九〇mg／dl。

僅僅在一個月後，血糖值就下降到一一〇mg／dl

在肝病好轉回到家後，我又想吃「醋牛蒡」時，就會萌出一種厭惡的感覺。我也不知道是否吃太多而厭膩，或者在住院期間味覺有所改變，因爲怎樣也吃不下去。

正當我感到不知如何才好時，有人對我說吃「醋黑豆」對我可能有幫助，於是我就立刻試試。

我炒了很多的黑豆，又買回來幾瓶米醋，動手做起了「醋黑豆」，放置大約十天後就開始吃。

這種「醋黑豆」談不上美味可口。不過爲了自己的健康，我還是持續地吃下去。

有時，我實在吃不下去，只好加入一些蜂蜜，分成早、午、晚各吃一大匙。

經過一個月後，我去驗血時，血糖值已經下降到一一〇mg／dl，就連醫生也嚇了一跳！

同時，我的膽固醇也很高，有時高達三百，想不到它也下降到正常值的範圍。

接下來，我把吃「醋黑豆」的次數改爲每天一次，在午飯前吃一大匙。

我所以改在飯前吃，不外是想減少吃飯的量。

話雖然如此說，我仍然害怕血糖值會再度升高，所以還是定期地接受檢查。

檢查的次數也由每一個月一次減少到兩、三個月一次。從此以後，血糖值就不曾上升過。

（第②例）吃「醋黑豆」撿回一條命

我是一家公司的主管級人物。因爲這一家公司並不大，全部的從業人員不滿一百名，所以我只是掛了主管的名，每天都要裡裡外外地跑。

正因爲如此，我認爲自己的運動量足夠了，萬萬料想不到偶然接受健康檢查時，血糖值竟然高達三百 mg／dl，使我嚇呆了！

我一向以工作爲重，從來就不曾接受過什麼健康檢查。那一天剛

好我比較淸閒一些，頭一次參加健康檢查的結果，血糖值竟然有三百mg／dl。

我根本就不相信這是事實，又到另外一家醫院檢查，結果還是一樣。那時醫生還特別強調：「你非住院不可！」

到那時爲止，我不曾生過大病，更沒有住過醫院。我只是稍微肥胖而已。關於「糖尿病」三個字，我時常聽到別人提起，也時常看到媒體報導這一件事情，我也知道它是一種可怕的疾病，不過，我作夢也想不到自己會罹患這種疾病。

我很快地採取降低血糖值的對策。

我的老婆請教食療專家，如何地限制飲食，同時也費了不少的時間學習計算卡路里的方法。那時，我的老婆有一點不解地問我：「你怎麼會罹患糖尿病呢？你的食量又不大呀！」

不過，我認爲一切都是自己造的孽。我一向不怎麼喜歡運動，所以推掉了打高爾夫球的約會。只要一有空，就帶著下屬的年輕人到酒店吃喝，而且又是一間又一間地流連，就如此吃喝不休，重複了好多年。在這種生活方式之下，血糖值不升高也難。

最糟糕的是，血糖值雖然高達三百mg／dl，可是我沒有任何的自覺症狀。現在想起來，那時我很容易感到口渴，但是我認爲那是喝酒的關係。

我是一個很不喜歡受到約束的人，自從知道自己的血糖值高達三百mg／dl之後，我看了不少有關糖尿病方面的書籍，也看了不少有關這方面的資訊。

但是，我還是不想完全地放棄喝酒以及到酒館飲酒作樂。叫我減少次數是可以，但是我無法完全地放棄。

因爲我不願限制自己的飲食，又開始蒐集有關克服糖尿病的情報，結果我找到了「醋黑豆」。

我很快地動手做起了「醋黑豆」，在放置一小段時間後，每天吃兩次，每次吃一大匙。如此才吃十天以後，我去驗血，血糖值下降到二四〇mg／dl。

那時，我以爲那是很偶然的事情呢！也許是在那一段時間裡血糖值下降而已。

萬萬料想不到，再經過一個月後去驗血的結果，血糖值又下降到一八〇mg／dl。四個月後，又下降到一一〇mg／dl，已經進入正常的範圍。而且體重也跟著減輕六公斤。

（第③例）高血糖與便秘都同時獲得解決

我的大兒子已經大學畢業在上班，小女兒也上了國中，我已經不再像以前那樣忙碌了。因爲我感到太清閒，反而不利於健康，所以我就到一家餐館幫忙。我本來就很喜歡做菜，當年輕人來光臨時，我就會特別地高興，所以時常會多給他們一些水果。

我在餐館上班大約兩年後，老闆叫我們員工參加身體檢查。在未結婚前，我曾經到一家公司服務五年，婚後我就當起了專職的主婦，從此再也不曾到外面找工作。

所以我認爲，又不是生了什麼病，爲何要去接受健康檢查呢？不過老闆一直在催，我只好參加了。

我一直認爲自己沒什麼疾病，想不到驗血的結果，血糖值竟然有一八〇mg／dl。

那時我也不怎麼在意，我認爲在吃了早飯不久才接受驗血，才有那麼高的血糖值。

在四個月以前，又有一次健康檢查。作夢也想不到，這一次的血糖值更高達二四〇mg／dl。

醫生對我說：「妳已經是不折不扣的糖尿病人啦！」

我感到有一點「冤」。我每天都在餐館內忙這忙那的，那樣的運動量不是夠多了嗎？可是冷靜地想想，我確實吃得太多，每當餐館有剩菜時，我都不嫌多，每一次都吃到盤底朝天爲止。

醫生叫我減輕一些體重，說這樣對克服糖尿病有幫助。說實在的，打從學生時代起我就是一個「運動白癡」，不懂得做任何的運動。

那麼，既然要減輕體重，不懂得運動又怎麼辦呢？

我已經說過，我一向很喜歡做菜，而且相當精於此道。不過做菜給家人吃時，我還是會跟著他們吃，如此的話，還能夠談減肥嗎？

說來說去，似乎沒有一條路行得通。

我感覺到不知如何才好時，偶然地聽到「醋黑豆」能夠克服糖尿病以及減肥的說法。聽起來，又是一個類似「一箭雙鵰」的故事，我儘管並非很相信，但是決心試試看。

於是我向餐館請了半天假，有模有樣地做起了「醋黑豆」。這種「東西」看起來似乎與好吃無緣，不過只要每天定時定量地吃它，那就不必限制飲食，什麼東西都可以吃，不必受到限制，而且又可以瘦身呢！

的確，這種「醋黑豆」一點也不含糊，僅僅經過一個月後，我的血糖值就下降到二百mg／dl。

說來也奇怪，雖然吃「醋黑豆」不必忌口，什麼都可以照吃不誤，但是我也不知道怎麼搞的，再也不想吃太甜的蛋糕、甜點之類，變成對蔬菜水果感興趣。

在吃「醋黑豆」兩個月後，我的血糖值又下降到一八〇mg／dl，三個月後變成一六〇mg／dl，四個月後的現在又降低到一一〇mg／dl，已經進入正常的範圍。

在沒有限制飲食與運動之下，我竟然克服了糖尿病，以致我有一種在「作夢」的感覺。

但是，我還是不敢掉以輕心。

爲了防範糖尿病捲土重來，我仍然持續吃「醋黑豆」，只是次數減少到每星期四次而已。

「醋黑豆」不但能夠使血糖降低而已。以我個人來說，它還減少了我的膽固醇值，而且體重也減輕五公斤。

我的大兒子跟我吃「醋黑豆」的結果，終於解決了長久以來的便秘困擾。

（第④例）兩個星期内就消除了嚴重的腰痛

我從事「裁縫」這一門職業已經長達三十年之久。正因爲如此，腰痛似乎已經成爲我的職業病。每天都要坐著，又必須弓身動手的作業，很可能給腰部很大的負擔，所以我有一點看破，很少認眞地面對這個問題。

但是腰痛越來越嚴重，到五年前，就連躺在床上也會感到疼痛，在白天裡坐著時更不用說了。

不但是腰部，就連臀部一帶也會感到疼痛，所以更無心做事了。爲了不添加別人的麻煩，我只好暫時把裁縫的工作收了起來。

我去看過骨科醫生，但是打了好多天的針藥以後，仍然不見好轉。因爲實在太痛苦了，我有時也在醫生面前發牢騷說：「這種痛到死都好不了嗎？」醫生一直在苦笑，可能是他在內心裡同意我的說法吧？

那時的日子非常地不好過，但是現在我變得很健康。一度曾經想到過「自殺」的要命腰痛，由於吃了「醋黑豆」而完全消失了。

在我的腰痛達到頂點時，我偶然聽到「醋黑豆」能治好腰痛的說法。「醋黑豆」做起來很簡單。只要把炒熟的黑豆浸醋幾天就成了。

對於吃的量以及時間方面，我並不太考究，想到時就吃一大匙，有時一天吃三、四次。

「醋黑豆」的味道並不是很好，但是也不難吃。不過最好選用比較新鮮的黑豆。只要做到這種地步，味道就會變好很多。

老實說，在剛開始時我並不太相信「醋黑豆」能夠克服腰痛，所以存著一種「有效也罷，無效也無所謂」的心態吃它，想不到它的效果叫我大感意外！

僅僅在吃兩個星期的「醋黑豆」之後，腰部的劇痛就被緩和了不少。本來坐著也痛、躺著也疼的腰部，恰有如附身的鬼魅一般惚惚地離我而去。

如今，已經過了將近十年的歲月，我的腰部始終沒有再疼過。

腰痛既然已經遠離我而去，我就重拾起裁縫的工作，又開始從事

我的老本行，我實在很感激「醋黑豆」治好了我嚴重的腰痛。如果我不知道吃「醋黑豆」的話，或許我已經臥在病床上面了。

（第⑤例）服藥無效的高血壓降低到正常的範圍

我在五年前才知道有所謂的「醋黑豆」。那時，我的最大血壓達到一九〇，醫生雖然處方降壓劑給我服用，但是血壓始終沒有下降。我那時自以爲血管有一天會爆裂，到時一定會一命嗚呼，而整天坐立難安。

不久後，我又如此地想：既然藥物不能使我的血壓下降，那麼除了藥物之外，難道沒有其他的方法嗎？於是我開始打聽所謂的「先人之智慧」——民俗療法。果然皇天不負苦心人，我終於打聽到所謂的

「醋黑豆」。

告訴我的那位老伯說「『醋黑豆』對高血壓非常有效」。他也舉出了很多以吃「醋黑豆」的方式治好高血壓的人。聽老伯如此地說，我就立刻萌出了「試一試」的念頭。

我炒熟黑豆以後，把它們放入寬口的玻璃瓶子裡面，再淋上很多米醋，但是那些醋很快地就被吸乾。我先後重複了好多遍，黑豆才不再把米醋吸乾。

大約經過一星期後就可以食用了。如此做出來的「醋黑豆」並非很可口，又酸又澀。

那時我認為自己的血壓那麼高，應該多吃一些「醋黑豆」。那位老伯告訴我說，每餐前吃一匙就夠，但是我一天不止吃三次，有時甚至吃五次，而一次又不止吃一匙的量。

因爲我超量地吃「醋黑豆」，一瓶的「醋黑豆」在一個月內就吃完。待我開始吃第二瓶時，頭部又感覺到暈眩。

我以爲血壓又升高了，所以認爲「醋黑豆」根本就沒有效，以致感覺到很失望。我那時到鄰近的診所量血壓，才知道最大血壓只有九十八。

九十八的血壓未免太低了！

「這可不是鬧著玩的……」我又到另外兩家診所量血壓，結果都在一百以下。

看到了這種情形，我認定是吃了太多的「醋黑豆」，所以暫時不再吃「醋黑豆」，待一星期後再開始吃。而這一次我學乖了，不再吃那麼多，定時定量地吃。

如此吃完第二瓶後，我的最大血壓升高到一二五～一三〇，最小血壓為八十，而一直保持安定。

醫生在為我檢查時，我並沒告訴他吃「醋黑豆」的事情。他有一點懷疑，又有一點感動地說：「你的血壓很順利地在下降，已經進入正常的範圍，我給你的那種降壓劑想不到那麼有效……」

其實，我因為對所謂的降壓劑感覺到失望，完全沒有服用醫生給我的降壓劑，我只是持續地在吃「醋黑豆」而已。

因為我受到了「醋黑豆」的恩惠，我也把「醋黑豆」介紹給很多高血壓的親戚朋友，結果大家都表示很滿意。

有不少人由於體質的關係，服用降壓劑很難以收效。尤其是在體質上容易感到熱的人，更有這種傾向。

吃「醋黑豆」所以使血壓下降，必定是「醋黑豆」清除了肝臟熱氣的緣故。

反過來說，一時吃太多「醋黑豆」的話，肝臟由於受冷過度，血壓才會下降過度。同時，「醋黑豆」也有清血的功效。

（第⑥例）膝蓋痛與耳鳴都解除警報

在四十歲的那一年，我到醫院看病時，才知道我的血壓偏高。那時我的最大血壓為一八〇，最小血壓為一百。

因為血壓實在太高，我購買了血壓計，時常在家裡自己量。有時最大血壓會升高到一九〇。所以我感覺到非常害怕，心裡一直擔心血壓會持續升高……以致夜晚也難以入眠。白天更沒有精神做事。

我盡量不服用降壓劑。因為我聽說過太過於仰賴藥物之後，將變成習慣，對身體有害處。

　　話雖然如此，血壓一旦超過了一八〇，我就會感覺到很害怕，而不得不服用降壓劑。不過，我很希望能夠在不服用藥物之下克服高血壓。

　　那時，我時常在想，等到退休後自己要種植藥草，利用藥草維護一家人的健康，絕對不再服用藥物。

　　但是我的血壓這麼高，距離退休還有二十年，我不知能不能等到那一天？於是我到處蒐集治療高血壓的情報，在同事的介紹之下認識了「醋黑豆」。

　　我在吃「醋黑豆」的一星期之後，最大血壓下降到一五五。這以後，有時會升高一些，有時會下降一些，就如此重複大約兩個月後，再也不升高，而緩慢地下降，到了一年以後，最大血壓降低到一三五，而最小血壓也降低到八十上下，終於安定下來了。

同時在吃「醋黑豆」後，我的嚴重的耳鳴也痊癒了。在以前，我的耳朵裡老是有蟬鳴的聲音，到了夜晚很難入眠。如今，那種惱人的耳鳴聲已經完全不存在了。

在吃「醋黑豆」以前，每當上下樓梯時我的膝蓋就會感到疼痛難當，現在則已經沒有這種現象了。

◎「黑豆茶」

在所有的豆類中，黑豆所含有的鈣質以及鎂最爲豐富。在往昔，人們若是咳嗽或者喉嚨痛時，都會利用黑豆來治療。中國的古籍《神農本草經》就記載著：「黑豆是用來治病的食物。」

到了最近，大家都很注意黑豆所含有的豐富「花色玳」，因爲它對於預防骨質疏鬆症以及女性更年期障害很有功效的緣故。

黑豆所含有的維他命E足足有其他豆類的六倍，所以，更能夠有效地消除造成現代生活習慣病原因的自由基。

通常在利用黑豆以前，往往要浸很長時間的水，熬煮的時間又相

當地長。如果你感覺到麻煩的話，那就不妨改爲喝「黑豆茶」。

做黑豆茶以前，不必把黑豆浸水，更不必放置於爐火上熬一段很長的時間，只要利用弱火炒四、五分鐘，待黑豆裂開就行了。炒過的黑豆可放入有蓋子的杯子裡面，沖入熱開水，大約放置五分鐘後就可以喝了。

「黑豆茶」的做法

材料

大約兩百公克的黑豆，一個平底鍋

做法

①使用一條乾淨的布把黑豆擦乾淨。

②再把黑豆放入平底鍋裡

②
3:29 59
③
④
⑤
早
晚

面，使用弱火炒約三、四分鐘。

③待黑豆的外皮裂開，冒出香味後，就可以離火。

④把炒過的黑豆放入有蓋的杯子裡面，沖入熱開水，覆上蓋子五分鐘就可以飲用。

⑤每天在晨昏各飲用一次。

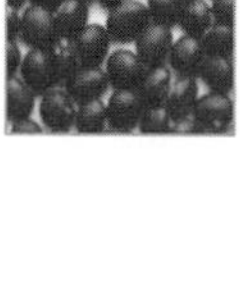

喝「黑豆茶」治好疾病的實例

（第①例）動脈硬化的後遺症消失

我從孩童時代起，每年一到冬天都會被凍傷，而且，我所罹患的凍瘡相當地嚴重，所以非常苦惱。

最初，腳後跟會長出很多小小的血泡。經過兩、三天以後，那些小血泡會逐漸地擴大，以致腳後跟一帶的部位會腫脹起來。

到了這種地步，想脫下襪子會變得很困難。腳後跟一帶不但變成紅色，浮腫得好大，而且又奇癢無比，叫人無法忍受。

在無法忍受下，我都會用手去猛抓，結果是皮開肉綻，變得更痛；但又欲罷不能，以致不斷惡性循環。

有一年，我想起了在長凍傷的部位貼藥布的方法。的確，在貼了藥布之後，因爲有一種冰涼的感覺，所以能夠減輕癢的感覺。

但是爲了貼滿腳後跟一帶的皮膚，每一次都非得使用六張藥布不可。如此一來不僅很麻煩，而且也讓我產生了「浪費」的感覺，所以就不再貼藥布了。

我的血液循環似乎比一般人差。凍瘡不但長在兩腳，而且手背以及耳垂也會長出。從懂事到現在，我已經被凍瘡折磨了三十多年。

我時常在想，除非搬到比較暖和的地方居住，否則的話，凍傷不可能離開我。可是搬家談何容易？所以我只好看開了。

不過，在去年的冬天我並沒有長出凍瘡。這是我有生以來不曾有過的現象，我只能夠猜測原因在於去年的秋天我開始喝起了「黑豆茶」。

我有一位表叔很懂得養生。他在獲知我每年都爲凍瘡所苦惱時，教我炒黑豆，用它泡茶飲用，表叔說：「如此沖泡成的『黑豆茶』能夠治好皮膚的各種症狀。」

在我飲用「黑豆茶」還不到三個月，時序就進入嚴冬。很奇怪的是，在整個冬季裡，我自始至終都不曾長出一個凍瘡。

我的老婆以及一些從業員看到我不再猛抓皮膚後，除了以怪異的眼光看我以外，也學著我喝起了「黑豆茶」。

我老婆的工作必須時時接觸到水，在冬天裡這可是一件苦差事。我的老婆以及一些從業員學我喝「黑豆茶」後，今年的冬天裡，他們的皮膚也沒有任何的毛病。我與那些喝過「黑豆茶」的人們都有

共同點，那就是排尿的情形變得很順暢。排尿的次數減少了一些，但是每一次排出的尿量都很多，再也沒有尿尿老是沒有排完的感覺。

根據營養師的說法，那是由於身體的新陳代謝變得活潑、血液循環也獲得改善的緣故。

我的岳母由於動脈硬化的後遺症，兩隻手長期感到麻痺，我就勸她喝「黑豆茶」。她喝了「黑豆茶」三個月以後，很高興地對我說：「我兩手的麻痺消失了！」

我因爲不再罹患凍瘡，皮膚也不再發癢難受，所以非常地感謝「黑豆茶」。雖然天氣已經轉熱，我仍然在飲用「黑豆茶」，爲的是徹底地想擺脫凍瘡。

黑豆含有很豐富的維他命E，能夠使末梢血管擴大，藉此使血液的循環轉好。

黑豆也含有很多容易被人體所吸收的有機礦物質，這一點對血液循環也有很大的幫助。

黑豆所含有的亞油酸、亞麻酸能夠防止凍瘡發炎，黑豆具有促進血液循環、消炎的作用。

（第②例）肌膚變得美白

從去年的八月開始，我試著喝起了「黑豆茶」。那時，我家的隔壁新開了一家鮮花店。因爲我生性很喜歡花草，所以我時常到那兒走走看看。不久後，我跟花店的女老闆變成了好朋友，一有空就會閒談了起來。我在閒談中問及她的肌膚爲何會那麼白皙，她的答案是時常喝「黑豆茶」。

看她的樣子，並不像在開玩笑，於是我就萌出了「試試」的念頭。因爲我的皮膚狀況一向不好，最大的缺點是毛孔太粗，一年到頭都泛著油光。

不過，我喝「黑豆茶」的第一個目的，並非想藉它達到美容或者治病的目的，只是想試探一下它的味道而已。長久以來，我一直在飲用麥茶，但是並沒有治病的功效，只是把它當成一般的茶水飲用而已。

我自己動手炒過黑豆，利用熱開水來沖泡它以後，發覺它的氣味遠比麥茶好，喝起來也可口多了。

自從我感到「黑豆茶」很好喝以來，每逢早晨到父親的公司上班以前，都要利用塑膠瓶子裝大約七、八百cc的「黑豆茶」到公司飲用，到了下班時已經喝光。

黃昏回到家後，再沖泡約八百cc的「黑豆茶」，在睡覺以前就把

它喝完。一天下來，總要飲用一千五、六百cc的「黑豆茶」。

照常的飲食，但卻瘦了六公斤

自從喝「黑豆茶」以後，上洗手間的次數也增多了起來。每天喝大約一千五、六百cc的「黑豆茶」後，每隔一個半小時就要上洗手間一次，而且比起以前來，排尿的情形更爲通暢。

不僅排尿變成很通暢而已，在排便方面也改善很多。我並沒有便秘的困擾，不過時常在鬧肚子痛，又時常有腹瀉的現象。正因爲如此，每次出外時我總是會提心吊膽，不敢到離市區很遠的地點。

自從喝「黑豆茶」後，僅僅經過二十多天，每天都能夠按時地排便，而且不會動輒就拉肚子。

大約在喝「黑豆茶」一個月後，很多朋友都說：「妳瘦下來了！」

的確，那時我感覺到自己裙子的腰圍變鬆弛了一些。我仔細地照鏡子後，發覺自己確實消瘦了一些，站在磅秤上面一量，才發覺體重減輕了三公斤。

可是，在那一段時期之內，我並沒有減少飲食量，仍然在吃自己喜歡的甜點。我在剛開始喝「黑豆茶」時，並沒有期待它有美容及醫療的效果，想不到在短短的時間內就使我減輕了三公斤的體重，叫我感到有些訝異。

不僅如此而已，就連皮膚的狀態也變得良好很多。我那種粗大的毛孔已經縮小了很多，老是浮著油光的額頭以及兩頰、鼻尖也停止冒油了。肌膚變得光滑美白了不少，臉色變好了許多。因爲我從來不化粧，只要肌膚有少許的變化就可以看出來。

這以後，我的體重又減輕了三公斤，總共減少了六公斤。

朋友們看著我在短期內減少了那麼多的體重，她們也紛紛喝起了「黑豆茶」。她們也很驚訝地說「排尿的情形好轉很多，體重也持續地在減輕」。當初，我並非以減肥爲目的而飲用「黑豆茶」，作夢也想不到它使我瘦了六公斤。這一件事情是我始終不曾料想過的。

黑豆能夠強化腎臟，使水分的代謝變得良好。所以在飲用「黑豆茶」以後，排尿的量以及次數都會增加。

一百公克的黑豆裡面含有一千五百毫克的鉀，所以它非常地利尿。「黑豆茶」的另外一種成分「皀甬玳」，則具有抑制肥胖的作用。

（第③例）肝機能值回歸正常

大約從五年前開始，我的身體狀況有了很明顯地變化——每逢生理期時出血量變得比以前多，接著，又有心悸、上氣不接下氣的症狀，甚至還帶來貧血症狀。

那時我聽到一些護理人員說，當婦女接近更年期時，很多人有荷爾蒙分泌減少或者增多的現象。她們甚至說，貧血與心悸也是常見的更年期障害之一，正因爲聽到了這種說法，所以我對自己的幾種症狀並不很在意。

有一天，我躺下來休息時，一隻手不期然地摸到自己肚臍的左側。如此一來，竟然發覺子宮的位置有一個類似腫瘤的東西。

我嚇了一大跳，立刻從床上跳了起來，慌慌張張地到婦產科醫院接受檢查。

醫生檢查的結果說並非癌症，而是長了直徑大約七公分的水瘤（在子宮形成的良性腫瘍）。

原來，生理來潮時出血量所以增多，就是因爲水瘤的緣故。在那時，我時常便秘，原來那也是水瘤變大，時常壓迫腸部的緣故。

因爲我的水瘤太大，我考慮過開刀把它取掉。但是醫生卻說：「停經以後很可能會變小，所以最好觀察一段日子再說。」

話雖然如此，貧血症狀卻越來越嚴重，同時在排便方面也變成一個星期才一次。

因爲我盡量地不服用瀉藥，所以肚子脹得很大，就好像快要臨盆的產婦似地，感覺到很痛苦。

我正苦惱著應該怎麼辦才好時，一位同樣爲更年期症狀所苦惱的同事，建議我做「黑豆茶」飲用。

就連肝臟機能也變好了

我在持續喝三個月的「黑豆茶」後，那種頑固的便秘就日漸地好轉，雖然並非完全地恢復到正常，但是由一星期一次變成兩次……三次……每隔一天一次。到後來，每天都能夠按時地上大號一次。

至此，我的肚子不再脹痛了。生理期的出血也減少了很多，心悸、氣喘也獲得了很大的改善。在喝「黑豆茶」以前，每逢走天橋時，我不能一口氣就爬完那一段階梯，現在則可以一口氣就爬完。

由於貧血症狀大幅度地轉好，臉色也跟著變好很多。以前由於便秘時常長出的痘痘，如今也不見了。

我的肝機能數值GOT、GPT都在六十以上，醫生不斷地叮嚀我要注意。而在喝了大約一年的「黑豆茶」以後，終於回歸到正常值（GOT的正常值爲八～四十，而GPT的正常值爲五～三十五）。

子宮內的水瘤也越來越小，醫生說已經沒有開刀的必要了。因爲身體狀態大幅度地獲得好轉，我就把飲用「黑豆茶」的量減少了一些，但是身體狀況仍然很好。

因爲「黑豆茶」對我太有效了，所以我也勸娘家的母親服用它。

我母親的血壓一向很高，她的最大血壓爲兩百，最小血壓爲一二○（七十歲以上老人的正常血壓爲一六○～九十）。她試過很多種健康食品，但是並沒有得到效果。

不過，我的母親喝了「黑豆茶」整整一年以後，她的最大血壓已經下降到一五○，最小血壓也跟著下降到九十。進入了七十歲以上老人的正常值，而且一直很安定。

我的母親不僅血壓下降而已，甚至兩個膝蓋的疼痛也減輕了很多。

我的女兒自幼皮膚就很敏感，只要稍微碰到外來的刺激，皮膚不是變得很乾燥，就是會長出很多的瑕疵。進入國中以後，她的臉孔又時常地發紅腫脹，又時常喊癢。

但是，喝了「黑豆茶」一段日子之後，那些發紅、腫癢等症狀就完全不見了。

（第④例）視力恢復

距今五年以前的初秋，我的右眼突然喪失了視力。如果把左眼閉

起來的話，眼前就會變得一片黑暗，什麼東西也看不到了。

我不知道到底發生了什麼事情，慌張地到附近的眼科診所檢查。結果那位醫生又叫我到設備齊全的大醫院接受檢查，我只好照做了。

醫生在仔細地檢查後，說我罹患了近視性黃斑劣化症，以致瞳孔內出血，但是不會危及生命。

不過我的運氣比較差，因爲在瞳孔的正中央引起了出血。由於血塊堵塞了瞳孔，所以不能從正面看東西。

根據醫生的說法，這種眼病可以利用雷射治療。但是我的時運不濟，出血的地方有些不對，如果使用雷射治療法的話，必須直接用雷射去接觸瞳孔，所以很可能會導致失明。

除此之外，另外還有方法。那就是以開刀的方式淸除瞳孔前面的血塊，治癒率大約有三成。

聽醫生這麼說，一時之間，我也不知怎麼辦才好。

同時就算開刀成功，右眼的視力也只能剩下○・一。聽醫生的分析以後，我認爲沒有必要冒著瞎掉眼的危險接受手術。

但是，什麼事情也不做的話，眼睛不可能好起來。我在左思右想不得其法時，我的姊姊叫我喝「黑豆茶」。

我的姊姊也罹患過出血性的疾病，她也是以喝「黑豆茶」的方式克服了此病。

於是，我就自己去炒黑豆，再利用它來泡熱開水喝。早晨起床後喝一杯，中午與晚餐後也各喝一杯。

我的右眼剛發病時視力等於零。我時常靠近電視畫面，閉起左眼以後，什麼也看不見了。

想不到，自從喝了「黑豆茶」後，右眼的視力就緩慢地開始恢

復。

靠「黑豆茶」恢復一部分視力

一直到今天，我每個月都要到醫院檢查一次視力。現在我的右眼已經恢復到〇・一，雖然有些模糊，但是，已經看得出來電視上出現哪一種畫面。

因爲瞳孔的正背面附著血塊，從正面不能看到電視的畫面，而必須把眼睛往上仰，或者往下看，才能夠看到。

不過，能夠到達這種地步，我就非常地感激了。因爲就算我接受手術，成功的機率也只有三成，而且只能夠恢復到〇・一的視力。不成功的話，右眼就會瞎掉了。

我因爲不想冒這種危險，一直很積極地在喝「黑豆茶」，所以才

能夠恢復到〇・一的視力。

我也不知道我的右眼內會變成如何，不過，我總認爲，瞳孔上面的血塊正在慢慢地溶解，日益變小。

我也抱著一個希望，認爲持續不停地喝「黑豆茶」後，有一天，瞳孔上面的血塊就會消失。

所幸，我的左眼視力爲一・〇，能夠看得很清楚。只是右眼的視力比較差，看近處的東西時，焦距就會顯得不合而已。

（第⑤例）膠原病獲得改善

遠在孩童時代，我就屢次爲過敏性體質所苦惱，從二十八歲以後又爲鼻炎所折磨。雖然長年地到醫院接受治療，但是一點也沒有獲得

改善。

距今八年前，我的一位遠房叔叔獲知我爲鼻炎所苦，勸我試飲「黑豆茶」。據說持續地飲用「黑豆茶」後，可以大幅度地改善體質。

因爲我一直爲過敏症狀所苦，所以認爲試試看也無妨，於是我就開始做黑豆茶，每天都持續地飲用四、五次。

自從喝了「黑豆茶」以後，我就感覺到身體狀況在逐漸地變化。所以到了三十八歲時，長年糾纏我的鼻炎就完全地好了。

當我爲此感到高興時，竟然又罹患了氣喘病。剛開始時，感覺到渾身都很疲倦，一直延續著感冒似的症狀，但是由於一直咳嗽不止，我認爲並非一般的感冒。

接下來，就連呼吸也逐漸地變得困難。我感覺到不對勁，到醫院

檢查後，才知道罹患了氣喘病。

在過去，我一直以爲只有孩童會罹患氣喘病，那時的我已經近四十歲，所以很難同意醫生的說法。

但是醫生對我說：「凡是具有過敏性體質的人，都像我一般，出現『過敏』的地方時常會變動，並非只固定於一個地方。」

我的時運很不濟，因爲除了氣喘以外，我又罹患了更叫人頭痛的疾病。

在某天的早晨，我發覺自己的右腳出了毛病，好像那兒已經沒有神經似地！

因爲右腳完全沒有力量，就連鞋子也無法穿上。我在緊張焦躁之餘，拖著不能自由活動的右腳，好久才走入醫院。醫生在檢查之後慌張地對我說：「哇！不得了啦！妳必須立刻住院！」

右腳不再有麻痺感

原來，我罹患了所謂的「過敏性肉芽腫血管炎」，也正是膠原病的一種。

在治療方面，只有服用副腎皮脂荷爾蒙製劑而已。剛開始時，醫生叫我服用三十五毫克的錠劑。因爲服用量相當大，又是一種具刺激性的藥，因此我很害怕副作用。

可能是我持續地在飲用「黑豆茶」吧，並沒有我想像中的副作用發生。同時，我麻痺的右腳時常感到很暖和；我想，這也很可能是「黑豆茶」在發生作用。

在三個月後，我好不容易出院。回到家後，我一面練習走路，一面又持續地喝「黑豆茶」。

到了三年前，我的右腳幾乎不再麻痺了。

膠原病是一種很難纏的疾病，不容易治好。我相信是由於持續地喝「黑豆茶」，我的膠原病才能夠好起來。

事實上，我的老公也在飲用「黑豆茶」。距今兩年前，我的老公每次比較疲倦時，雙腳就會疼到沒辦法走路。

醫生檢查的結果，說我的老公罹患了痛風（血液中的尿酸增加，以致關節腫痛的病）。

我的老公一面採取飲食療法，一面持續地喝「黑豆茶」，如今，他的尿酸值很穩定，一雙腳也不再感到疼痛。

（第⑥例）白血病獲得改善

我因爲罹患白血病，身體到處都會出血，所以隨時都可能死亡。如此糟糕的我，在發病後的十年仍然能夠活著，完全是受到了「黑豆茶」的恩惠。

在發病時減輕到三十九公斤的體重，如今已經增加到五十三公斤。我已經有足夠的體力從事田園的工作了。

在剛發病當初，我渾身感到異常地疲倦，又持續地在發燒。我到醫院接受檢查時，醫生說是感冒。

但是，如果是感冒的話，總該有退燒的時候。但是發燒的症狀久久不退。

一直到接受血液檢查以後，醫生才說我罹患了白血病以及血小板減少所引起的紫斑病（由於血小板減少，使皮下出血，以致皮膚形成紫色的斑點）。

於是醫生叫我立刻住院。

我在住院後，開始有了皮下出血的症狀。首先是流出鼻血，生理期的出血量增多，身體到處都在出血。

一般人的血小板數目約有二十萬前後，但是我卻只有六千上下，以致身體到處都在出血。

那時，醫生叫我服用抗癌制，以及增加血小板的藥物，前後住院三個月。

出院後，我仍然持續地在服用增加血小板的藥物。可能是因爲這樣的關係，副作用很強大，我一天到晚都有噁心欲吐的症狀，皮膚剝

落、指甲裂開。

因爲副作用實在太大，我要求醫生減少藥物的服用量。誰知如此一來，流鼻血以及皮下出血又變得嚴重了。

到了這種境地，我已經不知道如何是好。

一直到有一天，我才想到來探病的親戚所講的一句話：「妳可以飲用黑豆茶試試看呀……」

那時，我並不相信黑豆有如此大的力量，所以並沒有喝。現在想起來，試試也並無不可。

出院兩個月後，我就開始喝起了「黑豆茶」。

那時，我曾經對醫生提起「黑豆茶」的事情，他以一副不屑的口吻說：「喝那種東西會好的話，這個世界就不要醫生了！」

可是，我並不認同醫生那種揶揄的話，仍然持續地在喝「黑豆茶」。

經過兩個月以後，我去檢查血液時，我的血小板數目增加了。同時，出院後投予的抗癌劑副作用——渾身感到疲倦的症狀——也消失了。

再經過四個月後，我不再流出鼻血，生理期的出血量也恢復了正常。

這以後，再也不曾引起皮下出血的症狀。

我在出院之際，醫生曾經說過：「今後的一、兩年內，皮下出血等身體出血現象勢將難免……」

但是僅僅在幾個月後，那些症狀就不見了。這以後的一年內我還時常到醫院，最近已經不去了。

在不久前，我的兒子到那家醫院探望友人的病時，正好碰到我的

主治醫生。

當我兒子說及「我的母親每天都在田園工作時」，那位醫生感到很驚訝。

他對我的兒子說：「我現在就坦白地告訴你，你的母親隨時都有死亡的危險，怎能讓她在田園裡工作呢？眞是太荒唐了！」

可是經過了那麼多年，我還是很健康地活著，這一定是喝「黑豆茶」給我帶來的！

◎「黑豆酒」

「黑豆酒」能夠擴張血管，促進血液循環

腎臟（司掌生命能源的臟腑）一旦變虛弱以後，荷爾蒙系統、免疫系統、神經系統就會失常，以致不能正常地維護身體的機能。如此一來，精神方面將顯示出不安定，很可能會促使血壓升高。

適度地喝「黑豆酒」，能夠製造出良好的血液，提高腎臟的功能。「黑豆酒」能夠擴張血管，促進血液循環，所以很有助於血壓的

安定。

「黑豆酒」能夠強化肝、腎以及脾臟

膝蓋與肝、腎、脾有著深刻的關係，肝司掌關節部位，腎司掌骨骼，而脾則司掌肌肉。

爲了維護膝蓋健全的功能，關節、肌肉以及骨骼非強健不可。「黑豆酒」能夠強化肝、腎、脾，只要常飲，就可增進關節、肌肉以及骨骼的機能。

「黑豆酒」具有強力的鎮痛作用

所謂的「彎形性膝關節症」，乃是比較多見於女性的一種症狀。但是以男性來說，如果處於濕氣太重的地方，或者冷氣太強的辦公室的話，也可能因爲血液循環不良，而引起膝關節的疼痛。

黑豆酒對補腎非常有效，所以能夠消除骨關節的痠痛。

黑豆酒能夠活血、清血

所謂的高血壓有兩種。一種是由於緊張焦躁使血管收縮而引起的高血壓，另外一種是血液的黏性太高、使得血液循環不良而引起的高血壓。

黑豆酒能夠使肝臟的功能轉爲良好，使血液變得潔淨，所以對高血壓很有效。對於老化所引起的耳鳴來說，最爲有效的做法是——提高肝臟與腎臟的功能。黑豆酒能夠提高這兩臟的功能，使血液循良好，所以能夠消除耳鳴。

「黑豆酒」的做法

材料

黑豆一杯（約二百公克），清酒三杯（約六百cc，日本清酒或台灣清酒均可）。

做法

①使用一條乾淨的布把黑豆擦乾淨（不要用水洗）。

②把去掉灰塵的黑豆放入平底鍋裡面炒大約十五分鐘。

③趁著黑豆還熱時，把它們放入密閉的容器裡面再注入清酒。放置於陰涼處一夜（約八個小時）。

④經過一夜之後，把黑豆酒過濾。再把它放回玻璃容器裡面，再放置於陰涼處保存一天。

⑤殘餘下來的黑豆因爲吸收很多的清酒，所以不妨把它熬煮一段時間後食用。可以加入一些糖或者醬油調味。

①

②
9:59 59
③
8H
④
⑤

飲用「黑豆酒」治好疾病的實例

（第①例）超過兩百的嚴重高血壓歸於正常

具有高血壓體質的我，在二十九歲時就開始服用降壓劑。但是血壓並沒有明顯地降低，最大血壓有時會升高到二一〇左右。

雖然如此，我仍然認爲服用降壓劑總是比較好，我以爲只要如此，血壓就不會再升高。其實像我如此嚴重的高血壓患者，隨時都有生命的危險，所以我更不敢不服用降壓劑。

但長期服用降壓劑也不是辦法，於是我開始尋找利用食物降低血壓的方法。果然皇天不負苦心人，我終於打聽到喝黑豆酒能夠降低血壓的方法。

這種速成的「黑豆酒」做起來很簡單，我又不討厭喝酒，所以立刻萌出試試的念頭。

我的「黑豆酒」做法是，把大約兩百公克的黑豆使用清潔的乾布擦拭乾淨，再把它們放入平底鍋裡面，利用弱火炒大約十五分鐘，趁熱把它們放入玻璃容器裡面，再倒入清酒，蓋上瓶蓋放置於陰涼處一夜（約八個小時）。

放置一夜以後，使用紗布把黑豆酒過濾，再把濾過的黑豆酒放入瓶子裡面，放置一夜，如此就可以飲用了。

我在早、晚餐之後各喝一杯（約八十CC）的黑豆酒。對於那些殘餘下來的黑豆，我認爲扔掉太暴殄天物，所以都把它們加糖煮來吃。

在持續地喝黑豆酒一個月之後，我感覺到最近身體狀況比以前好了不少，不再有頭暈目眩的現象，所以特別到醫院一趟量血壓，誰知最大血壓已經下降到一四〇，最小血壓也跟著下降到九十。

我服用了那麼久的降壓劑，但是最大血壓從來就不曾低於一八〇，最小血壓也沒有下降到九十五以下呢！作夢也想不到，我在喝「黑豆酒」以後，血壓居然進入了正常範圍。

從此以後，我就喝定了黑豆酒，而且還大膽地停止服用降壓劑，但是血壓不會再升高。

我又聽說，黑豆酒對於防止宿醉很有效果，在喝酒以前只要喝一些黑豆酒的話，就絕對不至於惡醉，到了喝酒的翌日也不會頭痛。

在這以前，只要稍微喝過頭，不是嘔吐，就是頭痛得很厲害。所

以我認爲，黑豆酒也是一種醒酒良方。

我基於自己的體驗知道黑豆酒對於高血壓很有效以後，到處教同樣是高血壓的病人做黑豆酒飲用。

經我介紹之後，很多人都異口同聲地說「黑豆酒是高血壓的剋星，效果比降壓劑還好，而且完全沒有副作用」。

效果比較快速的人，甚至血壓在一個星期內就明顯地下降。甚至完全不服用降壓劑的人，在喝了黑豆酒以後，血壓也大幅度地下降。

我有一段時期完全沒有喝黑豆酒。

在去年的年底，因爲我的母親臥病在床，我一直在照料她，根本就沒有時間做黑豆酒喝，以致血壓又升高到一八〇。

在我又持續地飲用黑豆酒以後，升高的血壓又好不容易地下降到一四〇／九十。由此可見，黑豆酒對高血壓眞的很有效。

（第②例）要命的膝蓋痛完全消失

很可能是站著工作好幾年的關係，我的膝蓋在不知不覺中疼痛了起來。

以前的我相當胖。或許是如此，膝蓋承受了很大的壓力。在白天裡，我整天站立著工作，黃昏回家以後，又得站立著準備晚餐。在一天大半的時間裡，膝蓋一直承受我的體重，如今想起來，實在太不愛惜自己的身體了。

在那一段時期裡，我不能長時間地正坐。一旦正坐以後膝蓋就會變得很硬，站立起來時就會感覺到一陣疼痛。

如果只有正坐時，膝蓋會感到疼痛，那還不算太嚴重。從五、六

年前開始，只要我彎曲膝蓋，就會感覺到一陣劇痛，站立與坐姿都教我很難受，上下階梯也變成了一件苦差事。

尤其是爬樓梯最教我感到痛苦。那時我住在二樓，每當外出回家時，都會望著樓梯興嘆，但是不爬又不行，只好忍痛一步又一步地往上爬。

夏天時還比較容易打發，但是一到冬天我就有苦頭吃了。因爲不管做什麼事情膝蓋都會疼痛。

我去看骨科醫生時，他說我的骨骼沒有異常，膝蓋也沒有積水，所以無從治療。

那時我很悲觀地認爲，這一輩子再也治不好自己的膝蓋了，所以變得有一點自暴自棄。

我是在偶然的機會才知道有「黑豆酒」這種東西。

我到書店翻看健康叢書時，很興奮地看到「黑豆酒能治好膝蓋痛」的報導。那時我只是半信半疑，但是被膝蓋痛折磨了好多年的事實，使我萌出了「試試看」也無妨的念頭。

於是我立刻去購買黑豆與清酒，自己動手做起了「黑豆酒」。我先把大約六百cc的清酒倒入空瓶子裡面，再把炒好的兩百公克黑豆放入。

我在炒黑豆之前，先使用乾淨的布把它們擦拭乾淨。接著把它們放入平底鍋裡面，使用弱火炒十五分鐘左右。待它們在被烤焦以前，關上爐火，趁熱把它們倒入裝有清酒的瓶子裡面。

就如此放置一、兩天之後，待黑豆酒變成紅紫色時就可以飲用。

如此做出來的黑豆酒並沒有黑豆特有的青臭味，而且我自幼就習慣於喝酒，所以我並沒有感覺到黑豆酒不好喝，或者難以下嚥。

我在早、晚餐後各喝黑豆酒一次，每一次約喝四分之一杯（約七十到八十cc）。我是在半信半疑之下喝起了黑豆酒。但是既然開始喝了它，當然希望它有效果。所以我一直在內心裡默念著「它必定有效」，而耐心持續地喝下去。

不久後，每年讓我膝蓋痛的冬天來臨了。那一年我感到膝蓋痛減輕多了。

因爲我確實地感受到黑豆酒的效果，所以更積極地喝它。季節進入春季後，我極少感到膝蓋疼痛。

又到冬季時，我有一點忐忑不安，很擔心膝蓋痛又來折磨我。所幸，我的膝蓋在整個冬季裡一次也不曾疼過。「這一定是黑豆酒的恩賜！謝謝你……」我一個人喃喃自語，流下了淚水。

我整整喝了黑豆酒兩年半，待膝蓋痛完全好了以後，我就不再喝了。我認爲，萬一眞的再疼起來的話，我可以重新地喝黑豆酒。所幸，膝蓋再也不曾疼過。

我現在有一點後悔，爲何不早一些喝黑豆酒，如果能夠早一點喝它的話，我就可以少受一些折磨。

根據醫學古籍記載，膝蓋與肝、脾、腎有著密切的關係。肝司掌關節部位，脾司掌肌肉，腎則司掌骨骼。

爲了維持膝蓋的健全作用，關節、肌肉與骨骼都必須強壯才行。黑豆酒能夠強化肝、脾、腎，時常飲用的話，就可以使關節、肌肉、骨骼充分地發揮出機能。

（第③例）醫生拒醫的膝蓋痛，喝黑豆酒後竟然好了

大約從八、九年前起，我就爲膝蓋痛所苦。因爲實在忍受不住那種痛苦，我只好到醫院求診。醫生在檢查以後說是「變形性膝關節症」。

一般說來，這種膝關節症幾乎都發生於七十歲以上的老人。那一年我還不到五十五歲。醫生的說法是，很可能是我的膝關節本來就不夠健全，所以一直在承受著額外的負擔，以致提早罹患了膝關節症。

尤其是長時間坐著做事，想站起來時，膝蓋就會疼得好厲害。所以剛站立起來時無法走路，必須經過一分鐘後才能夠走路。

當時我還在上班，每當從椅子起身想走到外面時都得耗費周章一番，教我感到非常地痛苦。

不過，看過醫生後仍然沒有改善。到頭來，那位醫生還說：「我治不了你……」拂袖而去。

到了這種地步，我又有什麼辦法呢？只好看開了，認爲一生都得接受膝蓋痛的折磨。

一直到五年多以前，我很偶然地聽到草藥店的老闆說：「喝黑豆酒能夠治好膝蓋痛以及一切的骨病。」剛開始時我只是半信半疑，不過，既然有人說「黑豆酒」能夠治好膝蓋痛，那麼試試看又何妨呢？

關於「黑豆酒」的做法，我一次使用三百五十公克的黑豆、一千cc的清酒。我先把清酒移入比較大的玻璃容器裡面，再去炒黑豆，炒大約十五分鐘。待黑豆稍焦以後，就把它們放入裝清酒的瓶子裡面。放置於陰涼處大約十二小時後，黑豆酒會變成紫紅色，如此就可

以把黑豆酒過濾，再裝回瓶子裡面，再等一、兩天就可以喝了。

膝蓋痛如虛幻般地消失

我的老婆每次都幫我做「黑豆酒」。而只要每做一次，就可以飲用兩個月之久。實在一點也不算麻煩。

我在早午餐與午晚餐的間隔各喝一次黑豆酒，每一次約喝一小杯（約一百cc）。我一向不討厭喝酒，而且黑豆酒喝起來很芳香，就算每天喝也不厭膩。

我持續不斷地喝黑豆酒三個月後，膝蓋的疼痛逐漸地感到輕微，使我非常地驚訝。

再持續地喝半年後，我的膝蓋已經完全不痛了。

我前後跑醫院長達好多年，不但治不好膝蓋痛，到頭來連醫生也不理我。想不到，才持續地喝八、九個月的黑豆酒，惱人的膝蓋痛就有如夢一般地消失。

想起來，我已經受罪很久了。搭乘捷運上下班時，剛下車時幾乎無法走動，必須休息一小段時間才能夠移步，就是從捷運站走到外面也必須在中途停好幾次。

每當走比較長時間的路以後，膝蓋必定會痛得很厲害，但是完全不走路也不利於健康，所以很無奈地時常忍痛走路。

如今，一切的苦難都過去了，我的膝蓋始終就沒有再度地痛起來。我的老婆一直在為我的膝蓋痛操心，看到我擺脫了膝蓋痛後，她比什麼人都感到高興。

（第④例）耳鳴消失，高血壓也回復正常

我的老公很喜歡杯中物，尤其是每夜都非喝酒不可。不過他一向很健康，從來就不曾去看過醫生。

想不到，在幾年前做健康檢查時，醫生說他的血壓高必須注意飲食。聽到醫生這麼說，老公與我都嚇了一大跳！

那時，我老公的最大血壓爲一六○，而最小血壓卻有一百之高。而且從那時開始，他的耳鳴也變得嚴重。他時常用手去摀住耳朵說「耳朵裡一直有古怪的聲音」。

關於耳鳴方面，醫生的解釋是血液循環不良所引起的耳鳴現象。

醫生又說，耳鳴也有可能是腦梗塞的前兆，聽得我倆夫婦心驚肉跳！

我的老公在提早退休以後，跟我一起開闢了一片小小的蔬菜園，我倆打算每天都吃五種以上的蔬菜，而且身體一旦感到不舒服，並不立刻就服藥，而是喝各種果菜汁。

那時，我倆也種植了不少的黑豆。在那時，我偶爾看到一本醫學月刊報導有關黑豆的藥效。說是黑豆酒能夠使偏高的血壓降低，並且也能夠治好耳鳴。

黑豆並非藥物，只是一般的食品，所以我決定動手做黑豆酒。

我先把八百公克的黑豆放入平底鍋裡，利用弱火炒大約十五分鐘。炒好後趁熱放入約兩千cc的清酒裡面。

再放入少許的蜂蜜後，就把黑豆酒封口，放置於陰暗的地方約半年，如此就可以飲用了。

想喝時，就把黑豆酒倒出來，利用三倍的冷開水稀釋。夏天時，加入冰塊飲用。冬天則使用熱開水沖薄一些再飲用。

關於我製造的黑豆酒，喝起來很香醇，一點也沒有苦味。若是身體疲倦時喝它，倦意很快地就會消失。

耳鳴與高血壓都消失

我倆夫婦在三餐前都要喝這種黑豆酒，大約持續地喝三個月後，我老公的耳鳴就完全地消失。或許是因爲喝了黑豆酒後，血液循環變得良好的緣故。

在整整一年後，我的老公到醫院量血壓時，血壓已經很明顯地下降。

那時，我老公的最大血壓爲一四〇，最小血壓爲八十五，已經進

入正常範圍。從那時以後，我老公的血壓就始終沒有升高過。

我在飲用黑豆酒後，身體的狀況也變得很好。在往日我很容易生病，前後因子宮肌瘤、膽結石而開刀。現在我的身體很健康，和別人提及我過去曾經開過兩次刀時，很多人都不相信。

我已經快五十五歲了，從來沒有染過頭髮，它們一直很黑，而且也很濃密。看起來不亞於四十多歲的婦女。

根據古籍的記載，如果想消除耳鳴的話，必須先改善血液循環的狀況，並且提高腎臟等臟器的功能。

黑豆外皮所含有的黑色素能夠改善血液循環，並且增強臟器的機能。而利用清酒來浸黑豆，更能夠進一步提高血液循環的效果。

（第⑤例）治好了夜間頻尿

我在經營林木業，所以腰部的負擔很重。因爲是幾個人共同的作業，就算腰痛也無法休息。由於勉強的驅使腰力，終於罹患了骨刺（椎間盤凸出）。

在接受開刀以後，腰部的疼痛仍然沒有消失，就連夜晚也睡不著覺。在這種情形之下，只好在就寢前喝一些酒以緩和疼痛，唯有如此才能夠睡著。

我時常到骨科求治，醫生都勸我多攝取一些鈣質。對於醫生所說的話我很同意。不過在服用很多的鈣劑以後，又罹患了尿路結石症。

自從罹患尿路結石症以後，我又變成了夜間頻尿症，每夜都得起

床三、四次，到洗手間排尿。

有一天，我到醫院待診時，聽到兩位歐吉桑在說「黑豆酒」，說它對高血壓、糖尿病很有效，又能夠治好頻尿症。

長年以來，我也爲高血壓所苦惱，所以請教了歐吉桑黑豆酒的做法，回家以後，立刻著手做黑豆酒。

我每次約使用七百公克的黑豆，把它們放入鍋裡炒大約十五分鐘後，趁熱把它們放入約兩千cc的清酒裡面。

做好了黑豆酒後，把它放置於陰暗通風處，約經過一個月後就可以喝了。

試喝黑豆酒時，我感覺到它很芳香，又帶著淡淡的甜味，比我想像中更爲好喝。

腰痛煩惱解決了

對於這種黑豆酒，我每天在三餐後各飲用一杯，一杯約有一百cc。

首先，夜間頻尿獲得了很大的改善。在以前，一夜都必須爲了排尿而起床三、四次，如今只要一次就足夠了。

正因爲如此，我每夜都能夠熟睡。在這以前，我也知道自己的打鼾聲很大，最近則不再打鼾了。

喝了黑豆酒以後，血壓也明顯地降低。

我從年輕時代起，血壓就很高。最嚴重時，最大血壓達到二二〇，最小血壓也有一二〇。不過，自從喝黑豆酒四個月後，最大血壓已經下降到一五五，最小血壓也跟著下降到九十七上下。

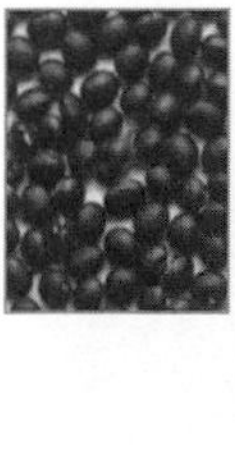

喝了黑豆酒以後，我的脾氣也變好了不少。在以前，很可能是與身體不好有關係，動輒就會大動肝火損人，我的幾個子女都離我遠遠的。最近，因爲我一直嘻皮笑臉，孩子又和我比較親近了。

在年輕時，我罹患過痛風，如今我歲數也不小了，很擔心痛風又會發作，還好始終不曾發作過。這一定是由於我持續在飲用黑豆酒的關係。

最重要的是，我在罹患骨刺之後，那種時常會來折磨我的腰痛也不復見了。

國家圖書館出版品預行編目(CIP)資料

黑色奇蹟 黑豆食療法 / 李承翰作. -- 初版. --
新北市 : 世茂, 2014.11
面 ; 公分. -- (生活健康 ; B387)
ISBN 978-986-5779-55-9(平裝)

1.食療 2.豆莢類 3.健康食品

413.98 103018582

生活健康 B387
黑色奇蹟 黑豆食療法
作　　者／李承翰
主　　編／陳文君
責任編輯／李芸
封面製作／鄧宜琨
出 版 者／世茂出版有限公司
負 責 人／簡泰雄
地　　址／（231）新北市新店區民生路 19 號 5 樓
電　　話／（02）2218-3277
傳　　真／（02）2218-3239（訂書專線）・（02）2218-7539
劃撥帳號／19911841
戶　　名／世茂出版有限公司　單次郵購總金額未滿 500 元（含），請加 50 元掛號費
世茂網站／www.coolbooks.com.tw
排版製版／辰皓國際出版製作有限公司
印　　刷／世和彩色印刷股份有限公司
初版一刷／2014 年 11 月

ＩＳＢＮ／978-986-5779-55-9
定　　價／220 元

廣告回函
北區郵政管理局登記證
北台字第9702號
免貼郵票

231新北市新店區民生路19號5樓

世茂
世潮 出版有限公司 收
智富

世茂好書・豐富心靈

世潮精典・智慧同行

電話：(02) 22183277
傳真：(02) 22187539

黏貼處

黏貼處

請沿虛線剪下裝訂寄回，謝謝！

讀者回函卡

感謝您購買本書，為了提供您更好的服務，歡迎填妥以下資料並寄回，
我們將定期寄給您最新書訊、優惠通知及活動消息。當然您也可以E-mail：
Service@coolbooks.com.tw，提供我們寶貴的建議。

您的資料（請以正楷填寫清楚）

購買書名：________________________________

姓名：________________ 生日：______年_____月_____日

性別：☐男 ☐女　E-mail：____________________

住址：☐☐☐______縣市__________鄉鎮市區__________路街
______段______巷______弄______號______樓

聯絡電話：______________________

職業：☐傳播 ☐資訊 ☐商 ☐工 ☐軍公教 ☐學生 ☐其他：______

學歷：☐碩士以上 ☐大學 ☐專科 ☐高中 ☐國中以下

購買地點：☐書店 ☐網路書店 ☐便利商店 ☐量販店 ☐其他：______

購買此書原因：___ ___ ___ ___ ___ ___（請按優先順序填寫）
1封面設計　2價格　3內容　4親友介紹　5廣告宣傳　6其他：______

本書評價：
___ 封面設計　1非常滿意　2滿意　3普通　4應改進
___ 內　　容　1非常滿意　2滿意　3普通　4應改進
___ 編　　輯　1非常滿意　2滿意　3普通　4應改進
___ 校　　對　1非常滿意　2滿意　3普通　4應改進
___ 定　　價　1非常滿意　2滿意　3普通　4應改進

給我們的建議：--

